AF544575

GANZ SCHÖN WÜTEND

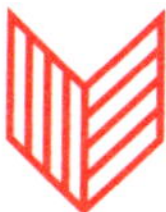

GANZ SCHÖN WÜTEND

STEFANIE REINSPERGER

Mit Fotografien von Sven Serkis

MOLDEN

Für meine Schwester Jasmin

WUT (lateinisch *furor*, Raserei, Leidenschaft, Wahnsinn, französisch *rage* [ʀaʒ], Raserei, Zorn, Toben)

Vorwort

Im Sommer 2020 hat mein wunderbarer Kollege und Freund Manuel Rubey zu mir gesagt: Steffi, du solltest ein Buch schreiben. Ich glaube, du hättest wirklich viel zu sagen!

Das fand ich schön.
Dann fand ich es beängstigend.
Ein Buch?
Ich?
Zeilen.
Von mir?
Oh …
Puh.
Muss ich mir überlegen.
Kann ich das?
Hilfe!
Möchte ich das?
Angst!
Muss das sein?
Nervös!
Worüber?
Wut!
Echt jetzt?
Wut?
Ja!
Muss sein!
Wut!
Wütend!
Wüten!
Wut!

Warum?
Wut!
Für wen?
Alle!
Auf was hinauf?
Das Leben!

Heute ist der 21. September 2020 und ich schreibe das erste Mal meine Gefühle auf, die in dieses mein Buch sollen. Dieser Gedanke „mein Buch" lässt mich jetzt im Moment noch sehr viele Gefühle gleichzeitig empfinden. Allen voran Respekt, Angst, Neugierde, Nervosität, Energie.
Respekt vor allem, weil ich, wie beim Spielen auch, das Ziel habe, etwas in Menschen zu verändern, Gedankengänge anzustoßen, Leute teilhaben zu lassen an meinem Innenleben.

Ich möchte ehrlich sein, ehrlich zu mir, aber natürlich ehrlich zu euch. Aber wie jede Rolle, jeder Charakter und jede Geschichte ist auch dieses Buch ein Schutzmantel, ein Tarnvorhang, den ich vor mich herschiebe, um euch reinschauen zu lassen. Es klingt unlogisch, ich weiß – aber ich konnte noch nie so gut mit Logik. Emotionale Logik ja, Gefühle und Emotionen sind für mich so klar, so nachvollziehbar, so echt, so unabdingbar notwendig, um in einen Austausch zu kommen. Das ist ja das Tolle an uns Menschen, wie viel wir fühlen können.
Ich find das toll.

Deshalb spiel ich ja so gerne. So unglaublich gerne. Deshalb bin ich so gerne auf der Bühne und/oder vor einer Kamera. Spielen ist alles für mich. Da darf und muss alles sein.
Wenn ich spiele, dann rase ich. Dann bin ich eine Wahnsinnige.

Wenn ich spiele, bin ich voll mit Leidenschaft. Dann möchte ich über die Bühne toben und all meine Grenzen ausloten und neu setzen. Ich bin eine sehr körperliche Spielerin. Ich liebe es, meinen Körper als Instrument, als Werkzeug zu benutzen und zur Verfügung zu stellen. Körper im Raum, die sich zueinander verhalten, ins Verhältnis setzen und deren Aktionen etwas beim anderen bewirken – das ist für mich Theater und Spiel. Und ich habe lang gebraucht, diesen meinen Körper, meinen Wutkörper nicht nur zu akzeptieren und anzunehmen, sondern vor allem zu lieben. Mit allem, was ich habe.

Ich will spielen.
Voller Raserei, voll Furor, Leidenschaft, Wahnsinn, Wut und Wucht.

Lange hab ich mich auf der Bühne und in meinen Rollen wohler gefühlt als im Leben. Manchmal ist das auch immer noch so. Aber je älter ich werde, je mehr ich zu mir finde und zu mir stehe, desto lieber bin ich auch in dieser wunderschönen, verrückten, anstrengenden Welt mit diesen liebevollen, starken Menschen.
Aber das war und ist ein langer Weg, ein harter Kampf.

Ich will euch hier gar nicht erzählen, wie schwer alles war. Ich will euch auch nicht erzählen, wie toll alles ist. Aber ich würd echt gern ein paar Dinge loswerden. Endlich mal ein paar Sachen sagen und beim Schreiben mir selbst darüber klar werden, was da eigentlich alles passiert ist. Was ich immer wieder sehe, erlebe, spüre und verarbeite. Weil ich möchte, dass es anders wird. Weil ich überzeugt bin, dass es besser sein kann. Und weil ich mir wünsche, dass wir daran alle zusammen arbeiten!

Ich möchte, dass ihr lacht!
Dass ihr weint, dass ihr euch gestattet, wütend zu werden, dass ihr rast ob der Ungerechtigkeiten, die passieren, dass ihr euch nicht schämt für eure Empfindungen, dass ihr eure Tränen nicht versteckt, und ich hoffe, ihr spürt, dass ihr nicht allein seid.
Wir hängen da gemeinsam drin. In diesem wunderschönen, verrückten, anstrengenden Leben mit diesen liebevollen, starken Menschen.
Und das kann so schön sein!
Dieses wunderschöne, verrückte, anstrengende Leben.

Ich schreib das hier für mich, für euch, für dich und dich und, ja, für dich auch. Für alle Menschen, die sich außen vor gefühlt haben, die geglaubt haben, sie passen nicht rein, die jeden Tag aufstehen und weiterkämpfen, die jegliche Kommentare und Anfeindungen aushalten, die sich immer wieder anhören müssen, zu laut, zu viel, zu schwer, zu anstrengend zu sein, und trotzdem weitermachen. Noch lauter! Noch mehr! Noch fordernder! Ich schreib das auch für alle, die immer schon dabei waren, die Strahlenden, die immer in der vordersten Reihe ganz laut waren, die ganz Kleinen, die Ängstlichen, die Scheuen, die Zurückhaltenden.

Nichts von dem, was ich schreibe und erlebt habe, ist neu. Das kann mir keiner erzählen. All das passiert jeden Tag jemandem in dieser unserer Gesellschaft.
Und das macht mich wütend! Und ich möchte mir das nicht mehr gefallen lassen. Wir werden uns das nicht mehr gefallen lassen! Ja?

Das hier ist ein Buch über Wut. Eine Hommage an Wut. An die Kraft und Brillanz der weiblichen Wut. Ein Appell,

aufzuhören, diese Wucht zu unterdrücken. Ein Aufruf, das alles rauszulassen, sich nicht zu schämen dieses Gefühl zu empfinden. Sondern es zu genießen. Lernen, damit zu leben und umzugehen.
Es ist der Versuch, dieser Wut mit einem Strahlen im Gesicht Hallo zu sagen und sie aufzunehmen, zu empfangen und ihr einen Platz zu geben.

Diese Texte sind ein Versuch.
Ein ehrlich gemeinter Versuch.
Wie jede Theaterprobe, eigentlich auch jede Vorstellung ein ehrlich gemeinter Versuch sind, sich dem Innenleben zu nähern und es umzustülpen und rauszulassen. Ein Versuch, sich dieser wunderschönen, verrückten, anstrengenden Welt zu nähern. Ein Versuch, sich dieser Wut zu nähern.
Sonst hab ich ja immer Texte von anderen, großartigen Autor*innen, deren Wörter ich zum Leben erwecken darf. Und jetzt probiere ich das mal selbst.

Ich möchte euch von erlebten Situationen erzählen. Von einer großen, blonden Frau mit Dutt, die nicht immer so mutig und stark war. Von zwei Druckkochtöpfen, die immer wieder aufeinandertreffen, miteinander sprechen, aneinander vorbei wüten und trotz viel Schmerz auch wieder zueinanderfinden.

Ich möchte an eure Empathie appellieren.
Und an eure Liebe.
Weil für die bin ich immer, und so was von.
Die Liebe!
Die Liebe zu euch, zu eurem Gegenüber, und die Liebe zu dieser wunderschönen, verrückten, anstrengenden Welt mit ihren vielen liebevollen, starken Menschen.

Wir sind ja nur einmal da. Das ist definitiv.
Lasst uns doch aus dieser Zeit das Beste machen.
Gemeinsam!

Ich wünsch euch eine gute Reise durch diese Zeilen.
Ich wünsch uns Selbstvertrauen, ganz viel Humor, Leidenschaft, eine gesunde Portion Wahnsinn und vor allem Liebe.
Oder wie ich gern sage: Lübe!

Und ich danke allen Menschen, die ich bis jetzt auf meinem Lebensweg treffen durfte. Allen Menschen, die mich gestärkt haben, zu denen ich aufschaue, die meine Welt besser gemacht, aber die mich gefordert und gefördert haben. Die mir das Gefühl gegeben haben, nicht ganz so allein und hilflos zu sein. Alle Menschen, die mich mutiger gemacht haben, die mich wütender gemacht haben.
Und ich danke natürlich allen, die jetzt diese Reise durch meine Gedanken mit mir gehen werden.

WUTMEER
WUTLEER
WUTUMKEHR
WUT
MEHR

WÜTENDE WUT
WÜTE, WUT
WUT, WÜTE

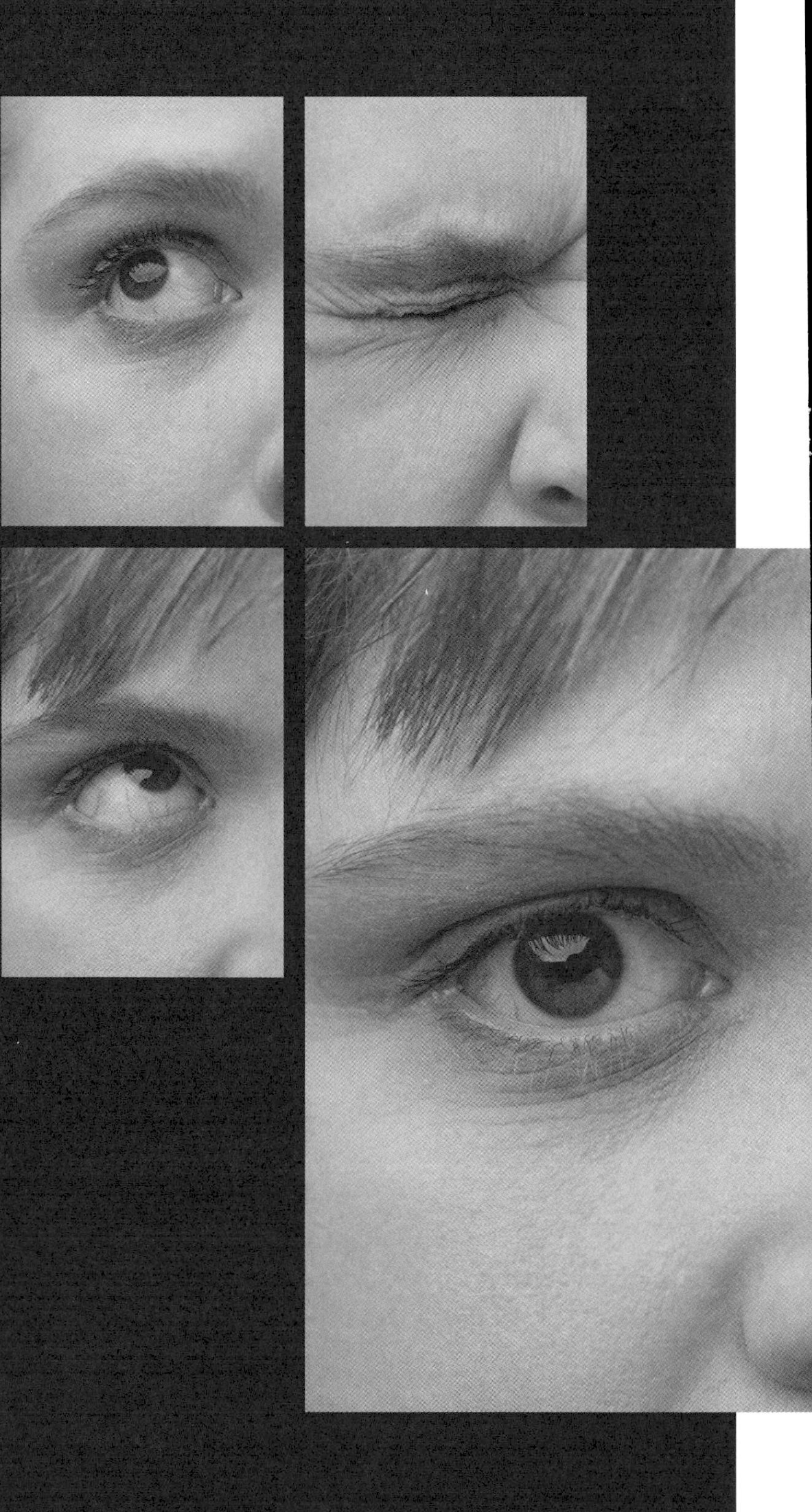

FEBRUAR 2021 –

EINE WUCHT

Heute wird der erste „Tatort“ mit mir als Kommissarin ausgestrahlt. Meine Figur heißt Rosa Herzog. Und meine größte Angst, mit meinen schlimmsten Befürchtungen, ist die, dass es so viele Kommentare und Postings zu meiner Figur geben wird. Nein, und ich meine nicht, zu dem Charakter, den ich spielen werde, sondern zu meiner äußeren Erscheinung.

Ich bekomme tatsächlich schon seit einer Woche Panikattacken vor diesem Sendetermin. Statt dass ich mich freue; statt dass ich stolz bin auf die geleistete Arbeit, verbrauche ich meine gesamte Energie dafür jetzt schon, einen emotionalen Schutzwall aufzuziehen, um die vielen Hater abprallen zu lassen. Versteht mich nicht falsch, Kritik ist natürlich erwünscht und wichtig – aber niveauvoll und fair. Und das scheint nicht immer vereinbar zu sein.
Vielleicht täusche ich mich auch und dieser Sturm wird nicht ausgelöst, aber meine fast traumatische Erfahrung in einem kleinen österreichischen Bundesland namens Salzburg hat mich damals so geprägt, dass ich dem Braten nicht mehr trauen kann.

Trotzdem merke ich, dass mit mir bereits eine Veränderung passiert ist. Früher hat es mich wahnsinnig gemacht, nur auf meinen Körper und mein Aussehen reduziert zu werden. Aussagen wie „Steffi, bist eh so viel, du musst dann gar nicht mehr machen. Das ist halt dein Vorteil" haben mich richtig verletzt. Weil ich weiß, wie verdammt scheiße viel ich gearbeitet hab und immer noch arbeite, um dabei zu sein, um gut genug zu sein, um besser zu sein und die Rollen und Angebote zu bekommen, die mich interessieren. Ich bin nicht einfach „nur da", ich mach da schon was dafür, ich mache sogar sehr viel dafür.

Weitergehend zu diesem Überbegriff, der gerne mit mir assoziiert wird „du bist so eine Wucht", eine „wuchtige Erscheinung", bis hin zu dem Triggerbegriff „dick".

Und vor ein paar Jahren, wenn ich das gehört habe, wenn es über mich gesagt wurde, über mich geschrieben wurde oder zu mir gesagt wurde, dann passierte ein Ausnahmezustand bei mir, eine Ladehemmung, ein Nicht-mehr-vor-oder-zurück-Können, eine Schockstarre. Das war jedes Mal so derartig verletzend, dass es mich in kilometerweite Abgründe meiner selbst katapultiert hat.

Aber warum?

Nun ja, es ist leider so, dass dieses Wort „dick" von uns als Gesellschaft rein negativ konturiert ist. Es bedeutet nicht schön genug, faul, sogar träge, zu langsam, zu wenig dünn, zu viel, nicht passend, außerhalb der Norm, nicht gesund. Und diese Begrifflichkeit hat zu lange Macht bekommen, uns auszuknocken. Mich macht nicht mehr wütend, dass mich Menschen „dick" nennen, mich macht wütend, dass wir immer noch und nur die negativen Dinge mit diesem Wort assoziieren.

Können wir das Wort „dick“ bitte endlich rehabilitieren.

Es gibt doch sehr wohl schon im Sprachbereich auch Möglichkeiten, das Wort als etwas Tolles zu sehen.
Es gibt viele Menschen, die dicke Bücher großartig finden.
Eine dicke Scheibe Käse, eine dicke Wolldecke, ein dickes Konto, ein dicker Kuss – scheint auch immer auf positive Reaktionen zu stoßen.

Dick ist ungesund, faul und vor allem hässlich.
Dicke Frauen sind, wenn, dann lustig.
Hört auf damit, Menschen ungefragt Kommentare und sogar Beleidigungen ihrem Äußeren gegenüber entgegenzuschleudern. Lasst die selbst gewählten Ärzt*innen dieser Menschen über deren Gesundheitszustand entscheiden. Ich möchte keine Filme mehr sehen, wo mir suggeriert wird, dass die Hauptrolle schon „fett“ ist, weil sie Kleidergröße 40 hat.
Es ärgert mich immer noch, Drehbücher geschickt zu bekommen, wo bei der Rolle, die mir angeboten wird, zu 90 Prozent in Klammern steht: (pummelig, wuchtig, untersetzt).
Lasst diese Beschreibungen beziehungsweise Zuschreibungen.
Hört einfach auf damit! Niemand braucht das.
Und zwar weder in die eine noch in die andere Richtung.
Es ist total nachvollziehbar, dass Regisseur*innen Bilder im Kopf haben, wie ihre Charaktere aussehen sollen, aber lasst doch diese Beschreibungen am Blatt Papier, das den Spieler*innen zum Casting geschickt wird, weg. Lasst uns doch mit unserem Können überzeugen und nicht mit unserem Aussehen. Wenn das dann auch noch dazu passt, ist ja alles gut. Aber wir sind doch mehr als unsere Körper! So viel mehr.

Aber da wären wir schon beim nächsten Thema, nämlich, dass „dicke Vorbilder" fehlen. Und ich möchte diesen Begriff „dick" deshalb bewusst so häufig und oft verwenden, weil ich es auch selbst als therapeutische Maßnahme begreifen will, genau diesen Begriff zu rehabilitieren.

Ich sehe die Kommentare schon vor mir, nachdem der „Tatort" ausgestrahlt sein wird, „die ist doch viel zu dick, um zu …" Das hat mich früher so verletzt, so erniedrigt, zu lesen, und ich möchte diesen Menschen, die so denken, diese Macht nicht mehr geben, ich möchte ihnen die Möglichkeit nehmen, mich so zu verletzen, ihnen das Recht entziehen, das zu tun. Und ein Weg für mich ist, dieses Wort „dick" mit positiven Gedanken zu besetzen.

Das ist verdammt viel Arbeit, weil wir das ja von klein auf schon sehr anders mitbekommen haben. Die dicken Mädchen bleiben allein, die dicken Mädchen haben nur schöne Freundinnen, die sich dann hinter ihrem Rücken lustig machen, dicke Mädchen sind witzig, eventuell auch gescheit, weil der liebe Gott ihnen ja die Schönheit abgesprochen hat und irgendwas wiedergutmachen wollte, dicke Frauen sind zum Pferdestehlen, dicke Frauen sind nicht sexy, sondern haben hauptsächlich männliche Attribute, dicke Frauen dürfen keinen Bikini oder zu kurze Röcke tragen, weil die Gesellschaft das nicht sehen will. Für dicke Frauen in Filmen reicht es oft nur für die Rolle der besten Freundin, auf deren Kosten ein Witz nach dem anderen abgefeuert wird, oder für eine Komödie, in der die dicke Frau es am Ende schafft, endlich so viel abzunehmen, dass sie doch noch einen Mann findet.

Und das macht mich so sauer, weil ich endlich möchte, dass sich diese Sichtweisen ändern. Aber ich habe nun die letzten

Jahre gemerkt, dass auch ich mich ändern und meine Sicht verändern muss. Damit meine ich nicht, dass ich denken soll, ich bin nicht dünn, sondern, dass ich anfangen muss zu sagen: Ich bin toll, so wie ich bin.

Aber wenn du schon von klein auf, im Kindergarten, auf der Straße, in der Schule, von der Turnlehrerin immer wieder hörst, du passt nicht rein. Dick sein ist keine Entscheidung, das ist eine körperliche Beschaffenheit. Und dicke Menschen können sehr, sehr sportlich sein, können die tollste Kondition haben und sind vor allem WUNDERSCHÖN. Aber dicke Menschen sind auch nach wie vor unterrepräsentiert in der Medienlandschaft, in Filmen, in der Öffentlichkeit. Die meisten Menschen verbinden mit Dicksein nur eine Schwäche und einen Zustand, den es unbedingt zu ändern und leider auch oft sogar anzufeinden gilt. Das ist unmöglich!

Ich habe längst aufgehört zu zählen, wie oft ich in der U-Bahn schon von unbekannten Menschen – einfach nur im Vorbeigehen, einfach so – als „fette Sau“ beschimpft wurde.

Da kann es innerhalb der gesellschaftlichen Bubble so viele Body-Positivity-Bewegungen geben, wie es möchte, aber es ist nun so, dass sehr viele dünne Menschen dieses Thema auch für sich beanspruchen. Wer kennt es nicht, die Freundin, die wesentlich schlanker und viel mehr den gesellschaftlichen anerkannten Körper hat und dir als dickere Frau erklärt, wie unzufrieden sie mit sich ist und wie viele Speckrollen sie hat.
Das ist als Freundin schwer bis gar nicht zu ertragen. Was selbstverständlich nicht heißt, dass sich ebenfalls dünne oder körperlich der Norm mehr entsprechende Frauen nicht auch oft unglücklich in ihren Körpern fühlen!

Aber ich muss es in dieser Deutlichkeit sagen, ihr kennt das nicht, wie es ist, in einem Laden nicht ein Kleidungsstück in deiner Größe zu finden. Ihr wisst nicht, wie es ist, die Shoppingbegleitung zu sein, die mit hundert Tüten für die Freundin vor der Garderobe steht, während die Verkäuferin zu einem sagt: „Für Sie haben wir hier aber definitiv nichts." Ihr wisst nicht, wie das ist, sich zu überlegen, Essen auf die Hand zu kaufen und das auf der Straße zu essen, weil Angst besteht, beschimpft zu werden, ihr wisst nicht, wie es ist, Probenkostüme zu bekommen und die Einzige zu sein, der nichts passt, weil der Fundus nur Größe 32 hergibt. Das alles wisst ihr nicht.

Dass sich jeder Mensch auch unwohl in seinem Körper fühlt und Makel sieht, die für andere nicht ersichtlich sind, ist ja klar. Dieses Empfinden möchte ich selbstverständlich auch niemandem absprechen. Damit diese Bewegung stärker ins Rollen kommen kann, muss sie auch von Menschen getragen werden, die diese Problematik wirklich erleben und tagtäglich damit konfrontiert sind.

Die schlimmste Erfahrung diesbezüglich war für mich Salzburg. Anscheinend haben es viele Menschen als einen irrsinnigen Angriff empfunden, dass ich diese Rolle angenommen habe, als Frau, die für viele Menschen nicht schön genug war, um diese Figur zu spielen. Wie konnte ich mir das nur anmaßen? Ja, ich spreche von der Buhlschaft im „Jedermann".

Ich habe lange mit mir gerungen, darüber zu schreiben oder zu sprechen. Aber wenn es etwas gibt, das ich bereue und mir vorwerfe, dann, dass ich darüber damals nicht gesprochen habe. Das hätte ich tun sollen.
Aber ich war zu eingeschüchtert, zu angegriffen und vor allem

hat etwas ganz tief in meinem Inneren diesen Menschen das Recht gegeben, mich an mir zweifeln zu lassen. Und das möchte ich nicht mehr tun und vor allem möchte ich nicht, dass das jemand noch einmal erleben muss.

„Schön, du siehst so normal aus."
Danke, jetzt fühl ich mich auch endlich mal als Frau repräsentiert. Toll, dass du da bist, so wie du bist. Du bist so schön! Das sind Nachrichten, die ich jetzt bekomme, wenn meine „Tatort"-Rolle angekündigt wird. Und es freut mich deshalb sehr, weil ich meine ganze Kindheit, Jugend und auch noch weite Teile meines Erwachsenendaseins nicht als normal galt. Ich war außer der Norm. So schön das ist, wenn es um mein Spiel oder die Art geht, wie ich versuche, Kunst zu machen, habe ich mir immer gewünscht, dass mein Körper und ich als Frau als normal angesehen werden. Und da haben wir noch einen sehr langen Weg vor uns, denn nach wie vor stößt es unglaublich vielen Menschen und Medienvertreter*innen auf, wenn Frauen aussehen wie ich. Und das ist ein Problem. Es ist nicht unser Problem, aber die Außenwelt macht es zu unserem.

Ich erlebe es an der Schauspielschule, wo ich unterrichte, dass Frauen, die dicker sind, in Tränen ausbrechen, weil sie in keine Kostüme vom Fundus passen, ihnen gesagt wird, dass sie niemals die Liebhaberin spielen werden und sie eher für das komische Fach gebucht werden. Dieses Kategorisieren passiert immer noch und ich verlange, dem ein Ende zu setzen. Und dafür müssen wirklich wir, die diese Erfahrung machen müssen, anfangen, diesen Menschen und Medien die Macht zu entziehen. Ich habe so lange dafür gebraucht, es gibt immer noch Tage, wo ich sehr damit kämpfe und von einer Flutwelle an Emotionen eingeholt werde, die mich kurz lähmen. Aber dann versuche ich aktiv dagegen anzugehen und das nicht mehr alles mit mir selbst auszumachen, sondern offen und laut zu kommunizieren, in Dialog zu treten und den Wind aus den Segeln dieser Angriffe und Zuschreibenden zu nehmen. Das ist anstrengend. Das ist mitunter auch immer noch sehr schmerzhaft, aber ich möchte, dass junge Mädchen in einer anderen Welt aufwachsen als ich.

Ich wurde in einem Lokal in Salzburg beschimpft und mir wurde nachgeschrien, ich sollte mich schämen, dafür, dass ich die Rolle überhaupt angenommen habe. Ich habe einen Drohbrief bekommen, in dem stand, dass ich, falls ich es wage, noch mal auf die Bühne zu gehen, mit Konsequenzen rechnen müsste, weil nicht ertragen wird, so einen hässlichen, dicken Körper zu sehen. Und ich bin trotzdem auf die Bühne gegangen.
Bei einer anderen Produktion wurde mir von Zuschauer*innen gesagt, ich könnte nicht glaubhaft ein Vergewaltigungsopfer spielen, weil niemand auf der Welt so eine dicke Frau wie mich vergewaltigen würde.
Und ich bin trotzdem wieder auf die Bühne gegangen.

Das sind gewaltige psychische Rückschläge, die da passieren und die mir zustoßen.
Den Menschen, die diese Dinge von sich geben, ist nicht klar, was das mit ihrem jeweiligen Gegenüber machen kann. Ich habe das unglaubliche Glück, die herzlichste, liebende Familie überhaupt zu haben, eine Schwester, die für mich Berge versetzen würde, und Freundinnen und Freunde, die mich unermüdlich unterstützten und mich auffangen und halten, wenn ich es brauche. Aber das hat nicht jeder. Das ist nicht selbstverständlich.

Worte verletzen. Nicht nur Taten, sondern auch Worte haben Konsequenzen. In welcher Welt leben wir bitte, dass Menschen denken, sie können ihre Beleidigungen einfach so auf offener Straße dem Gegenüber entgegenschleudern. Ist ja toll, wenn es euch dann anscheinend besser geht, weil das ja eine irre Last sein muss, die ihr mit euch rumtragt, wenn ihr dicke Menschen seht oder Menschen, die euch einfach nicht in den Kram passen.

Aber aufgepasst: WIR müssen damit umgehen. WIR müssen das Gesagte verarbeiten. Aber WIR werden dadurch stärker. Ich möchte sagen, mich haut so schnell nichts mehr um, das stimmt allerdings nicht und ich würde euch anlügen. Denn es gibt immer wieder Situationen, die mich sehr verletzen und mich aus der Bahn werfen. Allerdings dauert es inzwischen nicht mehr so lange, bis ich das überwunden und verarbeitet habe. Ich wachse daran. Jeden Tag ein bisschen mehr.

Ich habe immer über die berufliche Verantwortung gesprochen und drüber nachgedacht, aber ich habe bemerkt, das ist mehr als nur meine Arbeit. Meine Arbeit ist es auch, Menschen etwas Hoffnung zu geben, dass das zu schaffen ist! Ich habe eine Chance und die Verantwortung als Künstlerin. Das wollte ich lange nicht wahrhaben oder einsehen.

SPIELWUT

ROLLEN MUT

SPRACHFLUT

AUSWÜTEN

SPRECH WUT

BÜHNENWUT

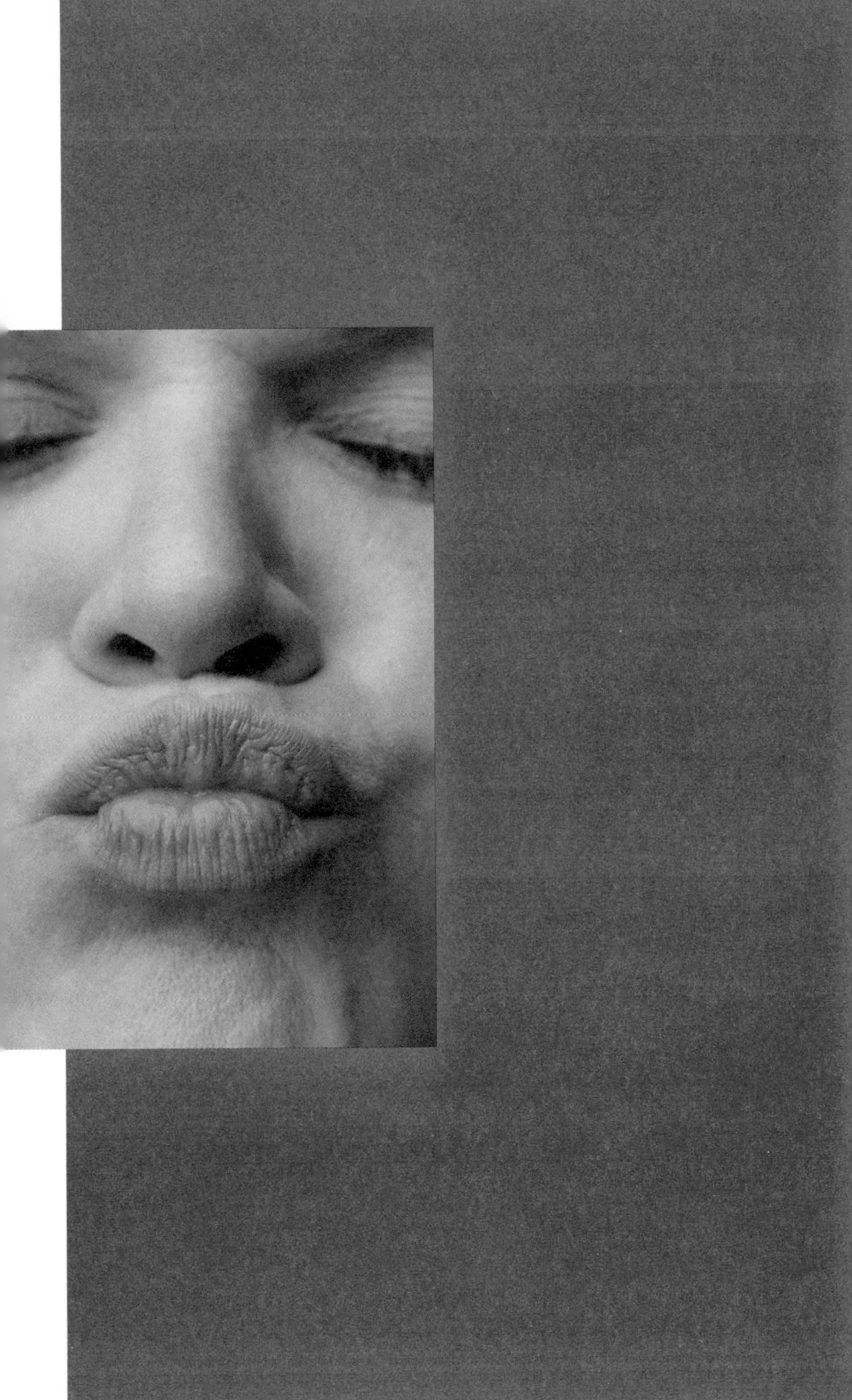

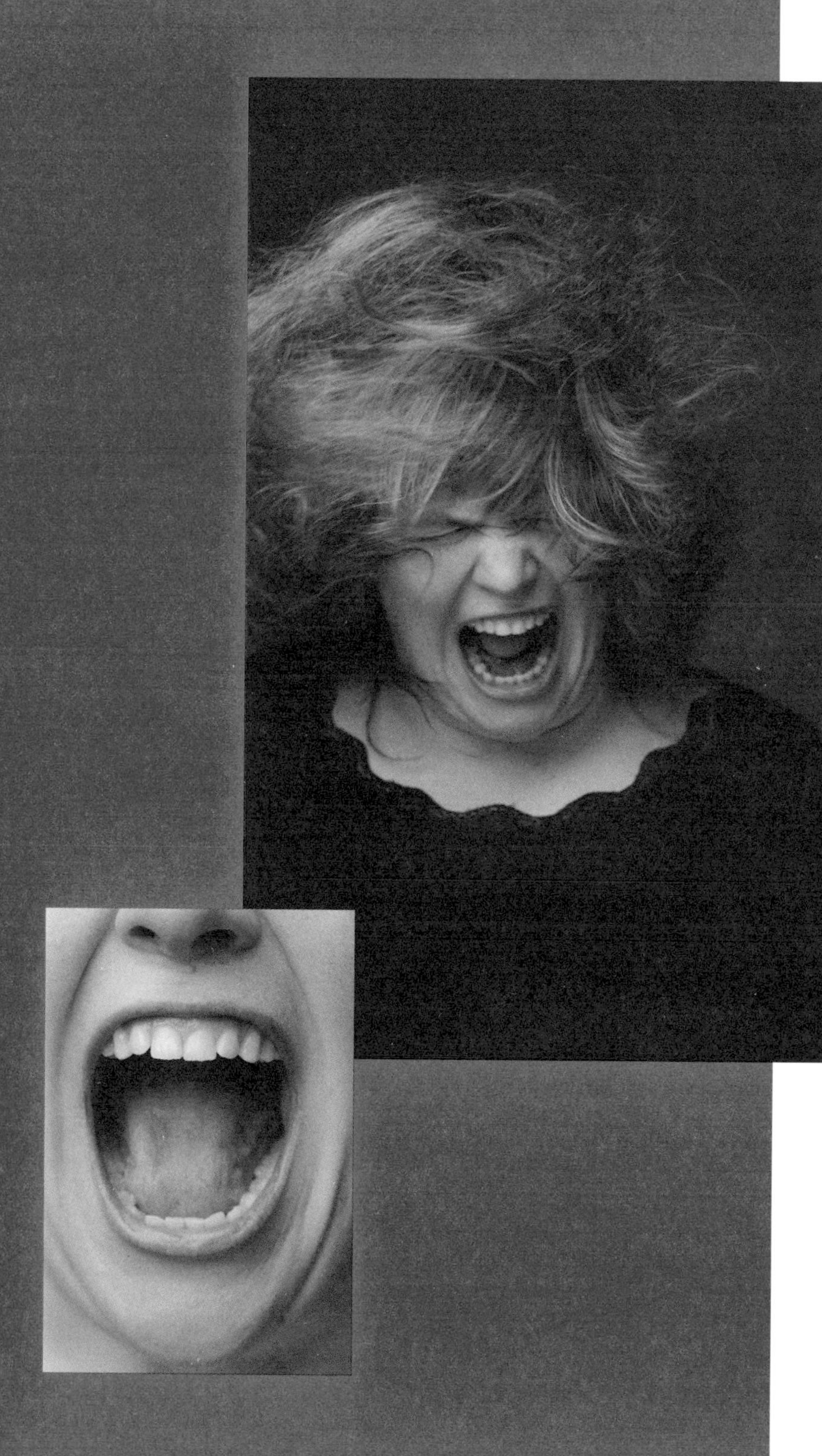

INS BLAUE GEBRÜLLT

Ich habe immer schon gerne gebrüllt.

Von März 1988 bis Sommer 1991 lebten meine Eltern und ich in Belgrad. Aus dieser Zeit gibt es mehrere Fotos, die mich, meistens allein, umringt von endlosen Betonfeldern, zeigen und ich brülle ins Blaue hinein.

Es war eine intensive, fordernde Zeit für meine Eltern, die beide berufstätig waren, sich trotzdem aufopfernd um mich gekümmert haben. Wir lebten in einer sehr kleinen Wohnung, ohne Kinderzimmer, also okkupierte ich damals mehr und mehr das ohnehin schon überschaubare Wohnzimmer. Aber meine Eltern – liebevoll und mit einer Engelsgeduld – ließen mich frei walten. Und sie ließen mich brüllen.

Nur damit wir uns nicht falsch verstehen. Natürlich schreien und weinen Babys und Kleinkinder. Natürlich erwische auch ich mich, wenn ich im Zug oder in der U-Bahn genervt zu der ohnehin schon unangenehm berührten Mutter schaue, weil irgendein leider nicht abzulegender Urinstinkt in mir triggert, wenn ein Kind schreit, habe ich die Mutter böse anzuschauen, weil sie ja offensichtlich etwas in der Erziehung verabsäumt haben muss und ihr Kleinkind nicht im Griff hat. Inzwischen muss ich dann immer lachen. Ja, es ist seltsam, aber wenn Kinder losbrüllen, habe ich heute den Impuls zu lachen. Weil ich daran denken muss, was ich früher aufgeführt habe, wie sehr ich meine liebevollen, unendlich geduldigen Eltern an den Rand des Wahnsinns katapultiert haben muss mit meinem Gebrüll.

Laut einwandfreien Beweisvideos meines Verhaltens trug sich also in Belgrad Folgendes zu: Ohne Ankündigung, sehr oft auch ohne nachvollziehbaren Grund, aber immer mit voller Emotion (selbstverständlich) fing ich an zu brüllen. Damit nicht genug, ich warf mich auf den Boden, trommelte lauthals mit Armen und Beinen auf den sich mir bietenden Untergrund. Ich brüllte und schrie so lange, bis ich grün und blau angelaufen war, Atemnot bekam, und weder beruhigende noch tröstende, liebevolle, mich auch zurück anschreiende Worte konnten mich davor bewahren, meinen Emotionen freien Lauf zu lassen.

Das passierte nun aber auch oft außerhalb der vier kleinen Wände in Belgrad.
Sehr gerne im Supermarkt, entweder weil etwas nicht gekauft wurde, von dem ich als Drei- oder Vierjährige überzeugt war, dass es im Haushalt gebraucht wurde, oder weil ich ein anderes Kind gesehen habe, das die Puppe im Arm hielt, die ich doch schon so oft selbst haben wollte und nie bekam, auch weil ich meine Jacke nicht ausziehen wollte, weil ich meine Jacke nicht anziehen wollte. Oder die Mütze. Ganz egal. Weil meine Eltern von körperlicher Gewalt in der Erziehung ihrer Kinder niemals Gebrauch machten und auch,

weil sie sich diesem lautstarken Volumen und meiner Wut nicht gewachsen gesehen haben. Ich war drei oder vier Jahre alt, das möchte ich hier noch mal betonen, und ich war nicht überdurchschnittlich riesig für mein Alter.
Es war die hochkochende, nicht zu kontrollierende Emotion, die aus mir rausgekrochen kam. Meine Mutter – sich weigernd, mich am Arm, an der Jacke (die ich ja entweder an oder nicht anhatte) oder am Bein aus dem Supermarkt zu schleifen, ein anders Fortbewegen wäre während dieser Wutanfälle nicht möglich gewesen – ging einfach kurzerhand hinaus und wartete vor dem Eingang mit den Einkäufen.

Sie ließ mir und meiner Wut freien Lauf. Sie gab mir den Raum.

Und danach legte sich der Emotionsausbruch auch meistens sehr schnell. Was rausmusste, war draußen, und dann konnte es weitergehen. Und abends, wenn Freunde und Freundinnen zum Essen da waren und ich im rosa-weiß gemusterten Kleidchen in meiner Spielecke und zwischen den Füßen der Erwachsenen spielte, konnten meine von Augenringen gezeichneten Eltern sich anhören: Mein Gott, sie ist ein so liebes Kind, die Steffi, ganz ausgeglichen.
Noch kleiner, stellte mich mein Vater eines Tages mit meiner Babyschaukel hinaus auf den Hof. Ich bekam zwei Skianzüge übereinander angezogen, drei Wollmützen und sieben Paar Handschuhe und konnte draußen unter blauem Himmel mein Organ voll und ganz entfalten. Drinnen kümmerte er sich um seine Fleischwunde, die ich ihm zugefügt hatte, als ich ihn durch seine Jeanshose blutig gebissen habe.

Er ließ mir und meiner Wut freien Lauf. Er gab mir den Raum.

Ich empfinde das jetzt im Nachhinein und vor allem in dem Moment, in dem ich das schreibe, als sehr großes Geschenk. Ein Riesengeschenk. Es muss ein großer Kraftakt für meine Eltern gewesen sein, die bewertenden Blicke, die rollenden Augäpfel, die gutgemeinten Ratschläge, die zornigen Anschuldigen auszuhalten. Aber mich nicht kleinzuhalten, mich nicht still zu machen, mir nicht zu verbieten zu brüllen, mir diesen Raum zu geben – danke, Mama und Papa, dafür!

Kindern wird ja doch gerne beigebracht zu lächeln. Artig zu sein, die Hand zu geben (nun gut, davon sind wir und die Generation nach uns wenigstens seit 2020 befreit), bitte und danke zu sagen, das Kleid nicht zu zerknittern und Zorn und Wut eher drinnen zu behalten, weil es Emotionen sind, die andere irritieren. Aber etwas in mir hat es wohl schon immer geliebt, genau diese Gefühle frei zu empfinden und sie auch rauszulassen.

Im Jahr 1991 zogen wir nach London. Meine Eltern, auf Anraten von Freunden, also Menschen mit rollenden Augäpfeln, gutgemeinten Ratschlägen und zornigen Anschuldigungen, nachdem sie meine Anfälle mitbekommen hatten, gingen dann doch mit mir zu einem Kinderarzt, ein Profi sollte sich mal anschauen, woher dieses Urbedürfnis kam, so viel Wut schamlos, ungeschützt, ohne Rücksicht auf Ort oder Zusammenkunft einfach rauszulassen. Gerade für ein Mädchen sei das doch sehr ungewöhnlich, um nicht zu sagen: besorgniserregend.

Wut gilt im Allgemeinen ja eher als etwas Männliches, wütend sein stellt eine Zumutung für das Umfeld dar, es strengt die anderen an. Wut ist eine Eigenschaft, die vor allem dem weiblichen Geschlecht nicht so gerne zuordnet wird.

Wir konsultierten also einen Kinderarzt. Ich erinnere mich deshalb so gut an ihn, weil er jedes Mal, wenn wir in seine Praxis kamen, erst mal mit der Frage meine Ohren untersuchte: „Stefanie, let's see, if you have potatoes in your ears?" Am Anfang hat mir das große Angst gemacht, ich wollte keine Kartoffeln in meinen Ohren haben und ich wollte auch nicht, dass auch nur die kleinste Chance besteht, dass dieses Gemüse in meinen Ohren gedeihen konnte. Aber er kontrollierte jedes Mal, wenn wir da waren, und bestätigte mir und sich selbst, dass in meinen Ohren keine Kartoffeln waren und ich ihn und auch die Anweisungen, Ratschläge, die von außen auf mich hereinprasselten, durchaus hören konnte.

Körperlich war alles in Ordnung. Ich war nicht hyperaktiv, ich hatte kein Aufmerksamkeitsdefizitsyndrom (wobei ich gar nicht weiß, ob es dieses Wort damals schon gab). Ich war kein Kind, das vom vielen Fernsehen abgestumpft oder getriggert wurde. Computer gab es ja damals noch gar nicht in privaten Haushalten, oder zumindest nicht bei uns. Ich durfte, bis ich zwölf Jahre alt war, unter der Woche nicht fernsehen und am Wochenende entschieden meine Eltern sich meistens für Erich Schleyer, der aus einem goldenen Märchenbuch Geschichten vorlas, die dann stumm von Schauspielern nachgestellt wurden und so seine Erzählungen lebendig machten. Diese Märchen sahen wir uns zu dritt an. Und meistens bat ich danach darum, dass meine Eltern mir das Märchen noch mal vorlasen.
Und danach ging es oft in den Park, wo das Märchen dann nachgespielt wurde.
Eines meiner Lieblingsmärchen war „Schneeweißchen und Rosenrot". Die Rollenaufteilung nahm immer ich in die Hand mit der Frage an meine Mutter:

„Mama, wen willst du spielen? Schneeweißchen oder Rosenrot? Ich bin Schneeweißchen." Mein Vater übernahm dann alle anderen Figuren und bastelte sich im Park aus einem zarten Ast einen Bart, den wir ihm, der mit diesem Bart den bösen Zwerg spielte, dann immer weiter abschnitten, bis nur mehr ein kleines Stöckchen übrig war und mein Vater dann aus Unterbesetzung auch noch den Bären und den Vogel, also die verzauberten Prinzen übernahm.

Beatrix Potter war eine andere Kindheitsheldin von mir. Oder besser gesagt, ihre wundervoll gezeichneten Tiere mit allerhand menschlichen Zügen, die meistens in irgendwelche schwierigen Situationen gerieten, aus denen sie sich dann rausmanövrieren mussten. Das war einer meiner ersten Ballett-Abende.
Ich war noch so klein, dass meine Beine nicht von dem rot gepolsterten Stuhl runterhingen, sondern gerade auf der Sitzfläche auflagen. Ich starrte, laut detaillierten Berichten meiner Eltern, die gesamten zweieinhalb Stunden gebannt auf die Bühne, auf der menschengroße Hasen, Katzen und Mäuse tanzend ihr Unwesen trieben. Ich wollte nichts trinken, nichts essen, schon gar nicht sprechen während der Aufführung und auch während der Pause nicht meinen Platz verlassen, sondern lieber mit meinen Eltern alles Gesehene analysieren, gebannt versuchen, zu erhaschen, was hinter dem roten Vorhang passiert, während alle anderen draußen Pause machten. Ich verrenkte und drehte mich hin und her, um ja nichts auf der Bühne zu versäumen, trotz ausgefallener Föhnfrisuren oder nervigen anderen kleinen Kindern, die die ganze Zeit mit ihren Bonbonpapierchen raschelten.

Wir gingen in das Musical „Joseph and the Amazing Technicolored Dreamcoat". Ich glaube, insgesamt sieben Mal, nicht nur wegen mir, sondern auch weil meine Mutter sehr angetan von dem Hauptdarsteller war und wir in London immer wieder Besuch bekamen, mit dem wir vorzugsweise ins Musical, ins Theater oder ins Ballett gingen. Und bei „Joseph and the Amazing Technicolored Dreamcoat" geschah für mich etwas Ungeheuerliches. Auf der Bühne waren fast genauso viele Kinder wie Erwachsene. Kinder in verschiedenen bunten T-Shirts, die sangen und den Abend mitbegleiteten. Sie waren immer da, nicht nur beim ersten Mal, als ich dachte, ich kann meinen Augen nicht trauen. Das „da oben" war also auch ein Ort für kleine Menschen, nicht nur für die Erwachsenen. Das hat mich nachhaltig fasziniert.

Diese und andere Freizeitaktivitäten schilderte ich dem Kinderarzt. Er hörte geduldig, vielleicht auch erstaunt, aber jedenfalls zugewandt zu und am Ende der ersten Sitzung meinte er dann zu mir und meinen Eltern: „Nothing is wrong with Stefanie. She has a powerful imagination and that needs a place somewhere to go to." Und dann legte er meinen verdutzten Eltern eine Visitenkarte hin, auf der ein Einhorn gezeichnet war. Ich war völlig aus dem Häuschen. Ein Einhorn. Was konnte das bedeuten? Wir hatten uns den Film „Das letzte Einhorn" einmal zusammen angesehen. Das heißt, ungefähr die ersten zwanzig Minuten, dann hatte ich solche Angst und wollte nicht mehr weiterschauen.

Auf dem Nachhauseweg bohrte und löcherte ich meine Eltern. Ich fing an zu brüllen und wollte wissen, was das alles zu bedeuten hat. Wo war das Einhorn? Was war mit diesem Einhorn? Vor dem Schlafengehen erklärte mir meine Mutter dann, das Einhorn sei das Wappen von einem Kinder- und Jugendtheater in England. Dem Unicorn Theatre. Der Kinderarzt hatte uns also vorgeschlagen, mich da mal bei einem

Kurs anzumelden bzw. reinzuschnuppern, ob das nicht etwas für mich wäre.
Theater? Einhorn? Also das „da oben“ auch mal selbst erleben können? An Schlafen war überhaupt nicht zu denken – unmöglich. Meine Eltern mussten mir immer und immer wieder erklären, was da gerade vor sich ging, und sie mussten mir hoch und heilig versprechen, sofort am nächsten Morgen dort anzurufen und einen Termin auszumachen.

Ich war vier Jahre alt, als ich den ersten Kurs im Unicorn Theatre mitgemacht habe. Und ich erinnere mich daran. Nicht an alles natürlich, aber ich habe eine Erinnerung an eine kleine Übung, die ich nie vergessen werde.
Meine Gruppe bestand vielleicht aus fünf bis zehn Kindern. Dass alle nur Englisch sprachen, hat mich nicht gestört, weil alle unsere Freundinnen und Freunde auch nicht Deutsch sprachen, weil meine beste Freundin im Kindergarten Italienerin war, und, obwohl ich kein Wort Italienisch und sie kein Wort Deutsch sprach, war das die erste tiefe Freundschaft, an die ich mich erinnern kann. Wir hatten unsere eigene Sprache, unsere eigenen Wörter, die für uns völlig selbstverständlich waren, und wenn es nicht mehr weiterging, redeten wir eben mit Händen und Füßen. Wir lernten uns im Kindergarten in England kennen und kamen auch noch zusammen in die gleiche 1. Klasse. Bis dahin konnte die Freundin dann auch schon etwas Englisch, aber wir sprachen noch lange in unserer eigenen gemeinsamen Sprache. Meine Eltern waren überglücklich über diese innige Freundschaft, auch wenn sie selbst nicht ganz so frei und leider keine eigenen Fantasiesprache hatten, um mit den anderen Eltern zu sprechen. Aber das war egal. Wir waren beste Freundinnen und verstanden uns.

Nachvollziehbar also, dass es mich schon mit zarten vier Jahren nicht wirklich gestört hat, nicht alles zu verstehen, was um mich herum gesagt oder getan wurde. Wichtig war nur, dass ich die Anweisungen des Theaterlehrers verstand, der uns nun die erste Aufgabenstellung gab. Wir sollten uns vorstellen, dass wir ein Spielzeug sind. Ein Bagger, ein Stofftier, eine Lokomotive, ein Roboter. Ganz gleich. Wir gehörten einem Riesen, der ziemlich ordnungsfanatisch war und alles immer gern an seinem Platz wusste. Untertags, wenn der Riese also wach ist, müssen wir als Spielzeug ganz still, ohne Bewegung an unseren Plätzen sitzen. Wenn aber die Nacht hereinbricht und der Riese sich schlafen legt, werden wir langsam lebendig und dann gibt es im Kinderzimmer kein Halten mehr. Sobald der Riese aber auch nur den Kopf bei der Tür reinsteckt, weil er sich über den Lärm wundert, müssen wir an Ort und Stelle erstarren. Ich entschied mich dafür, eine Puppe zu sein. Ich setzte mich also auf einen Tisch, gut vorausplanend in einer angenehmen Position, damit ich möglichst lange stillhalten kann.

Als der Riese, also unser Theaterlehrer, sich schlafen legte, sollten wir langsam aufwachen. Gliedmaße für Gliedmaße, Auge für Auge. Schritt für Schritt. Und dann kamen die Lokomotiven ins Gespräch mit den Barbiepuppen, die Pferde tranken Tee mit den Hasen und die Puppe fing einen Ringkampf mit dem Roboter an. Ich fand das fantastisch.
Als der Riese dann unerwarteterweise plötzlich im Raum stand, erstarrten wir alle. Wir gingen ins sogenannte Freeze – ein Schauspielerwort, das mich noch sehr, sehr lange begleiten sollte. Und dieser Riese nahm mich, also die eingefrorene Puppe, die sich nicht mehr bewegte, und setzte mich wieder auf den Tisch, auf dem ich vorher gesessen war.

Das war meine erste Theaterstunde. Im Unicorn Theatre in London. Und ich wollte da nie wieder weg. Ich war so begeistert und glücklich. Meinen Eltern erzählte ich immer und immer wieder von dieser Einheit, von der Freiheit, die ich empfunden hatte, von der Tatsache, dass in diesem geschützten Raum alles möglich war. Und von diesem Moment an war ich, laut meinen Eltern, das ausgeglichenste Kind der Welt. Die Wut- und Brüllanfälle auf dem Spielplatz und im Supermarkt legten sich, wurden immer weniger.

Ich brüllte, schrie, weinte, lachte und gluckste jetzt in meinen Theaterstunden.

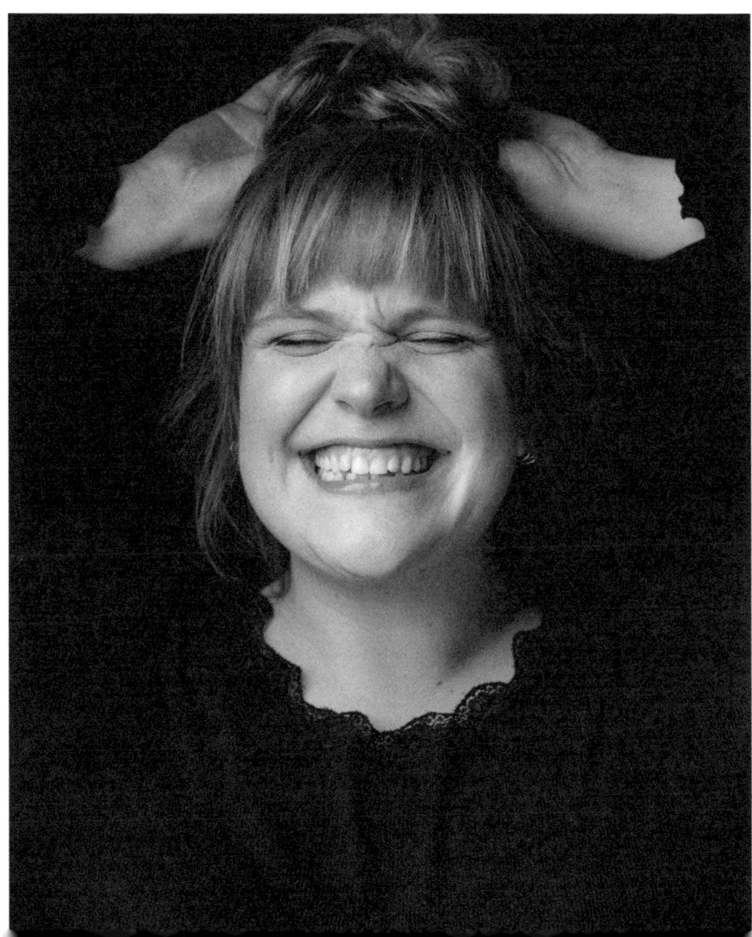

ZU LAUT

ZU LEISE

ZU SCHNELL

ZU LANGSAM

ZU VIEL

ZU SEHR

ZU MEHR

ZU ZU

ZU

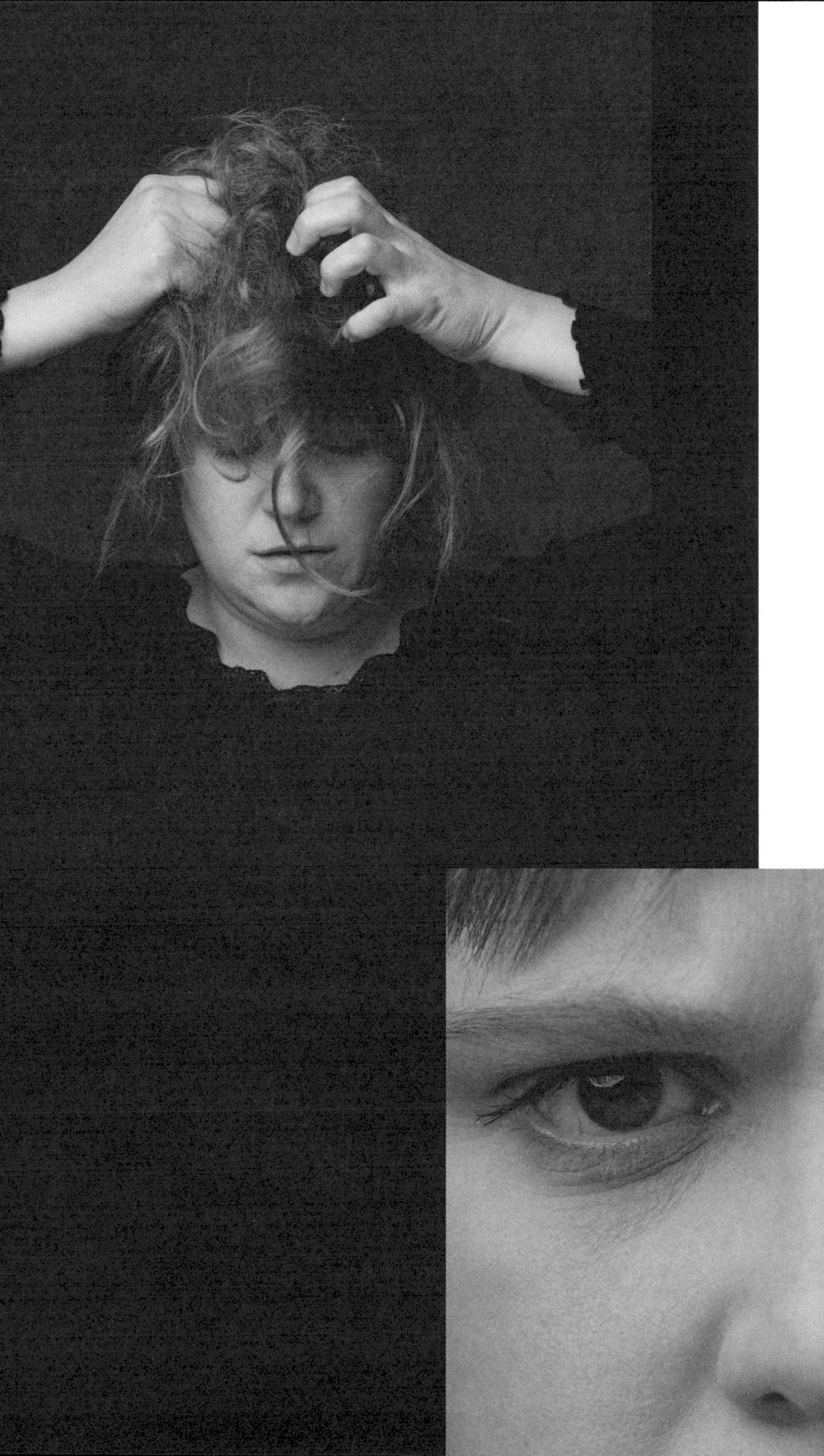

GARDEROBEN-HORROR

Ich bin früher sehr, sehr ungern mit Freundinnen shoppen gegangen. Alle waren in meinen Augen schlank, makellos, perfekt und hatten natürlich nie Schwierigkeiten, Kleidung zu finden.
Es fängt langsam, immer noch zu langsam, aber langsam an, dass es wohl auch tolle Kleidung und Labels gibt, die über Größe 40 produzieren und die Kleider auch nicht nur wie Zelte aussehen.
Aber mit sechzehn am Dorf gab es keine große Auswahl, eigentlich gab es überhaupt keine Auswahl, es gab nur ein einziges Shoppingcenter, in dem es unsere Konsumlust zu befriedigen galt.

Unvorstellbar, dass ich mit jemandem eine Garderobe mit den Fundstücken überhaupt geteilt hätte. Ich musste natürlich allein in eine, weil ich ja schon die Vorahnung hatte, dass mindestens acht der zehn Kleidungsstücke, die ich zum Anprobieren mitgenommen hatte, nicht passen würden.

Während also nebenan drei bis vier Freundinnen kichern und glucksen und sogar noch das gleiche T-Shirt anziehen, um im Partnerlook zu gehen, streife ich wenig hoffnungsfroh durch meine Ausbeute. Bei zwei Teilen beschließe ich schon nur mit bloßem Blick darauf, nicht einmal reinzuschlüpfen. Es wäre zwecklos. So gut kenne ich mich, meinen eigenen Körper und die Komplexe erzeugende Modeindustrie dann doch. Eine Hose gibt es, die ich wirklich gut finde und die ich in der größten Größe dort vorrätig finden kann: 42. Nun gut – einen Versuch ist es wert.
Etwas gestresst bin ich schon jetzt, da ich von nebenan immer wieder Fragen bekomme, ob denn schon was dabei sei, was ich nehmen möchte, oder mir etwas gefällt. Oft lüge ich und sage, dass mich die Sachen nicht ansprechen. Die Wahrheit müsste lauten: Mir ist alles zu klein.

Also das ist die Wahrheit der Modebranche. Meine Wahrheit wäre: Ich passe in diese verdammten Kinderklamotten nicht rein. Weil ich eine große, starke, verdammt coole Frau bin, und wir wurden einfach ausgelassen in der Produktion dieser Kleidung. Und ich bekomme hier drinnen die großen Komplexe, weil mir nicht mal der XL-Pulli passt, weil ich ihn nicht über meine Brüste bekomme, die ich nun schon mal habe, mit sechzehn. Aber in der Herstellung und Produktion wurde anscheinend angenommen, dass wir alle zwanzig Kilo wiegen, und wer nicht so aussieht, muss passend gemacht werden und sich passend machen. Und ich könnte kotzen, weil das so ist und ich mit keinem von euch nebenan darüber offen sprechen kann, weil ihr euch nicht im Entferntesten vorstellen könnt, wie das ist, seit fünf Stunden zu bummeln und zu shoppen und in kein verdammtes Ding reinzupassen, und ich mir echt gerne was gönnen würde. OIDA!

Aber ich schlucke das runter. Atme durch. Ich habe ja noch die Hose, die ich anprobieren kann. Schon beim Hineinsteigen kommen erste Befürchtungen hoch. Da ich nämlich auch gerne jogge, habe ich die trainierten Godzillawadeln von meinem Papa geerbt, auf die ich verdammt stolz bin, aber in Hinblick auf Skinny-Slim-Fit-Jeans sind sie natürlich extrem kontraproduktiv. Stehend komme ich nicht rein in diese Hose. Ich will aber in diese Hose reinkommen. Sie gefällt mir und ich habe so viel Taschengeld gespart und ich möchte heute Geld ausgeben und mir was zum Anziehen kaufen. Das darf doch verdammt noch mal nicht wahr sein, dass es für mich nichts, aber auch nichts gib, das mir passt. OIDA!

Ich blicke mich um und erkläre die Garderobe in dem Moment für groß genug, dass ich versuchen könnte, die Hose im Liegen anzuziehen und an mir hochzuziehen. Ich lege mich, schon etwas im 90-Grad-Winkel, weil so groß ist die Garderobe auch wieder nicht, also hin und beginne die Hose von unten über meine Godzillawadeln bis zu meiner Hüfte – ja, die habe ich auch! – hochzuziehen. Es sieht eigentlich ganz gut aus. Im Liegen ist der Bauch – ja, den habe ich auch! – flach, also schaffe ich es, trotz liegender 90-Grad-Winkel-Position, die Hose zu schließen. Schweißgebadet und mich hochrotem Kopf denk ich mir: geschafft!
Bitte dazu bedenken, dass während dieser gesamten Aktion immer wieder Fragen von nebenan kommen und sogar direkt vor meiner Garderobentür, weil Freundinnen sich ja alles zeigen wollen und gegenseitige Meinungen gefragt sind, ob das Kleidungsstück erworben werden soll und für welchen Anlass.
Ich kaufe die Hose sowieso, wenn sie passt. Bin die Einzige, die heute noch nicht mit einem Sackerl durch die Gegend rennt, der Druck wächst also.

Okay. Ich liege mit angezogener Hose und geschlossenem Reißverschluss auf dem Garderobenboden, kann mich kaum rühren. „Steffi, zeig, zeig her. Bitte! Wie schaut's aus." Oh, Herr Jesus im Himmel – ich muss es irgendwie schaffen aufzustehen. Ich klemme meine Beine um den kleinen abgegriffenen Samthocker in der Ecke und nutze meine Bauchmuskelkraft – ja, die habe ich auch! –, um mich hochzuziehen. In der sitzenden Position angekommen, merke ich, wie verdammt eng die Hose um den Bauch – ja, der ist noch da! – sitzt und extrem einschneidet.
Ich könnte brüllen. Mit immensem Kraftaufwand schaffe ich es, in eine stehende Position zu kommen. Und nun folgt der erste Blick in den Spiegel.

Ich sehe aus wie eine Presswurst. OIDA!

Es war so klar. Ich bin wütend, aber gleichzeitig auch extrem traurig und verletzt. Ich hasse mich und meinen eigenen Körper und die Tatsache, dass ich in diese verdammte Hose in der angeblich größten Größe des Geschäfts nicht reinpasse. Das gibt mir das Gefühl, so was von nicht dazuzugehören, nicht schön genug zu sein, und niemals in meinem Leben irgendwas schaffen zu können.
Halbherzig ziehe ich meinen Pullover über die Presswurst-Situation und zeige mich, mit dickem Kloß im Hals und den Tränen im Anschlag, den Augen der Welt da draußen. Höfliches Nicken, ab und zu eine ehrlich gemeinte Bestätigung. Ich muss diese Hose eh nehmen. Sonst habe ich wieder nichts gefunden. Ich werde diese Hose kaufen und nie anziehen.

Ich bin schweißgebadet und fühle mich elendig.
Ich rolle die Hose von meinem Körper runter und würde sie am liebsten zerreißen.

Ich nehme diese Situation als Gewissheit, dass ich zu den Hässlichen gehöre, dass ich nie dünn genug, schön genug sein werde – als hätte das was mit Zukunft zu tun –, um in ein verdammtes Kleidungsstück zu passen.
Ich belüge meine Freundinnen und sage, wie cool ich die Hose finde und dass ich sie natürlich nehmen werde.
Ich belüge mich selbst, indem ich denke, dass ich halt einfach nur dünner werden muss, um ein glückliches Shoppingerlebnis haben zu können.
Ich belüge meine Mutter und sage ihr, dass ich einen großartigen Nachmittag hatte.

Ich habe rote Abdrücke auf meinem Bauch – dort, wo der Knopf und der Reißverschluss waren. Mein Nagellack ist abgesplittert bei der Aktion, die Hose zu schließen.

Und beim Zur-Kasse-Gehen, einen schnellen Blick nach hinten werfend, springt mich folgender Satz höhnisch an: Unsere Garderoben sind videoüberwacht!

Ja.
Danke.
OIDA.

WUT-ABC

Wut-Anlass
Wut-Bürger
Wut-Chor
Wut-Diskurs
Wut-Ereignis
Wut-Frage
Wut-Gabe
Wut-Höhle
Wut-Input
Wut-Jargon
Wut-Kuss
Wut-Laster
Wut-Müll
Wut-Nebel
Wut-Obdach
Wut-Politik
Wut-Qualität
Wut-Rede
Wut-Sorge
Wut-Träume
Wut-Umgang
Wut-Vokabel
Wut-Wahrheit
Wut-Xanthippen
Wut-Yogi
Wut-Zölibat

WUT-abc

Wut antrinken
Wut bestatten
Wut changieren
Wut diskutieren
Wut erbrechen
Wut fühlen
Wut gestatten
Wut hassen
Wut integrieren
Wut jonglieren
Wut kanalisieren
Wut lieben
Wut machen
Wut naschen
Wut offenlegen
Wut planieren
Wut quittieren
Wut raunzen
Wut studieren
Wut turteln
Wut umsatteln
Wut verjagen
Wut würgen
Wut xerografieren
Wut y*
Wut zivilisieren

** Ich hab alles abgesucht, wem da eines einfällt, der darf sich gerne bei mir melden. Danke.*

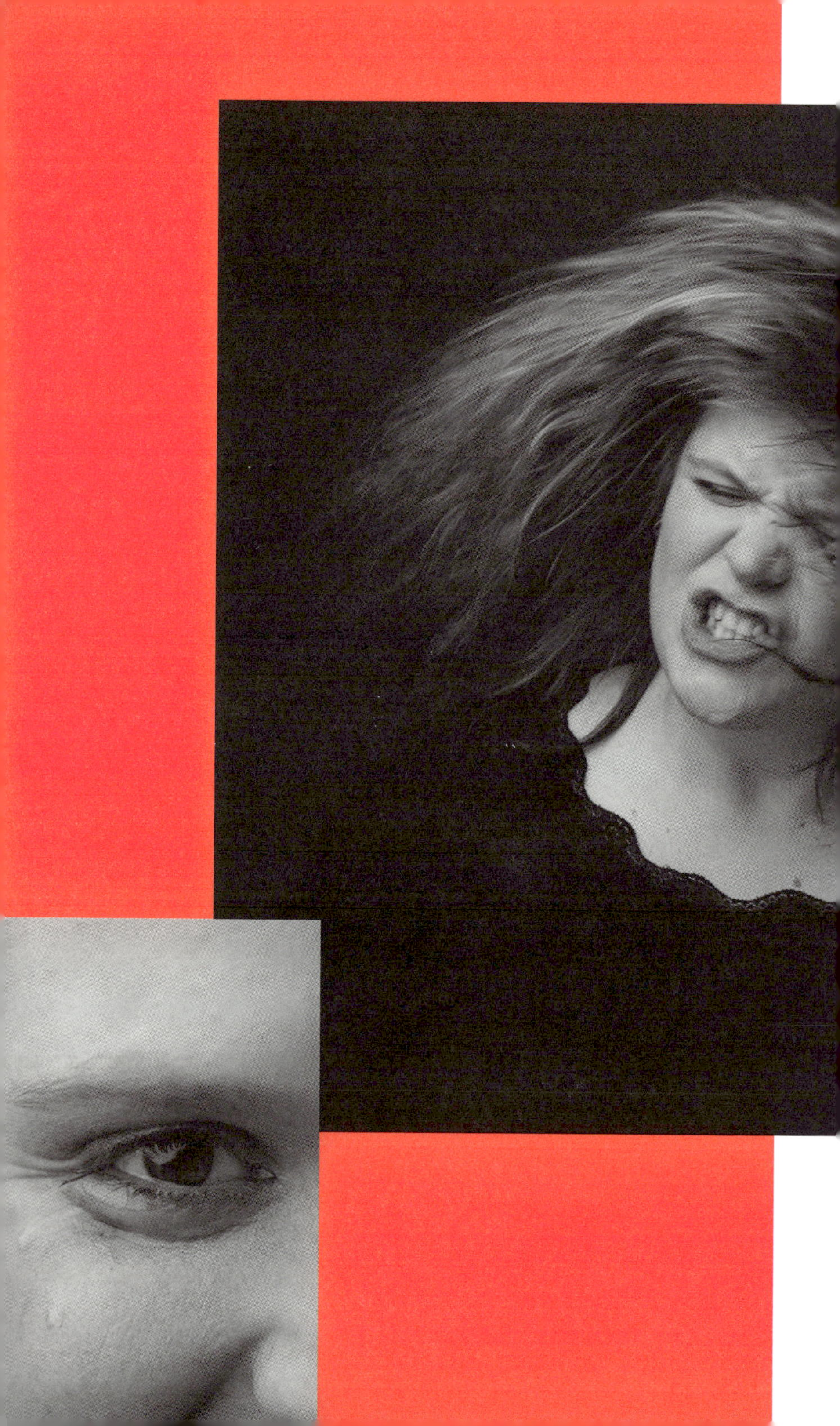

AUSWÜTEN

Es gibt da eine Frau. Für mich ist sie die große blonde Frau mit Dutt. Ich kenn die ziemlich gut. Die liebt ihren Beruf über alles, die liebt diese Theaterluft, das In-Rollen-Schlüpfen, sich vor einer Kamera auszuliefern, mit Kolleg*innen im Team zu arbeiten, gemeinsam zu denken – über alles.

Die große blonde Frau mit Dutt darf ihren Beruf jetzt schon über zehn Jahre ausüben. Das ist ein großes Privileg. Es gibt so viele wahnsinnig gute Schauspieler*innen, die nicht gesehen werden, die nicht zu arbeiten haben. Die große blonde Frau mit Dutt weiß das. Sie kämpft jeden Tag mit all ihren Mitteln dafür, ihre Arbeit auf bestmöglichem Niveau abzuliefern.
Die große blonde Frau mit Dutt hat aber auch schlechte Tage. Sie hat Tage, an denen ihr das unglaublich schwerfällt, sich zu öffnen, sich fallen zu lassen vor so vielen Menschen, die sie ansehen, sie bewerten. Aber sie fällt auch gerne. Sie gibt sich gerne her. Sie gibt sich nicht mehr gerne auf. Das hat sie früher gemacht. Alles für die Kunst. Aber heute denkt sie oft: Brennen ja! Unbedingt. Unbedingt und mit allem, was sie hat. Aber nicht verbrennen.

Die große blonde Frau mit Dutt fühlt sich manchmal wie ein Fass ohne Boden. Sie ist voll von Gefühlen, Emotionen,

Gedanken, Zweifeln, ganz vielen Ängsten und Skepsis. Aber auch Humor. Aber sie weiß auch, dass sie sehr, sehr viel Wut in sich trägt. Spielwut.

Wenn sie losspielen darf, dann gibt es für sie nichts Schöneres, als zu toben. Über die Bühne, stundenlang. Vor der Kamera, tagelang. Ihre Rollen sind ihr Zuhause. Jede Figur ist wie eine neue, andere Wohnung, in der sich die große blonde Frau mit Dutt oft wohler fühlt als in ihrer eigenen. Diese Charaktere und ihre Geschichten stülpt sie sich unglaublich gerne vor jeder Probe, vor jeder Vorstellung, vor jedem Take über.

Die große blonde Frau mit Dutt stellt ihre Arbeit sehr oft über alles andere, das auch Leben ist. Über ihre persönlichen Bedürfnisse. Oft auch über die Bedürfnisse ihrer Freunde und Familie. Die große blonde Frau mit Dutt hat das Glück, auf viel Verständnis in ihrem Umfeld zu stoßen. Menschen, die verstehen, dass die große blonde Frau mit Dutt dann oft auch während ihren Arbeiten abtaucht. Dass sie sehr laut und absolut und ungerecht werden kann, gerade wenn es auf den Stichtag, auf eine Premiere zugeht. Die große blonde Frau mit Dutt ist immer noch aufgeregt, wenn sie Vorstellungen spielt. Jedes Mal ist eine neue Versuchsanordnung, ein neues Wagen. Bloßes Abspielen, das hält die große blonde Frau mit Dutt nicht gut aus. Herausforderung, immer an sich arbeiten. Das hat sie sehr, sehr früh gelernt. Brennen. Nicht verbrennen.

Wo es brennt, ist es eben auch heiß. Sehr heiß. Kurz vorm Siedepunkt. Aber das Feuer ist spannend, das Feuer ist schön, dieses Spiel damit ist, was die große blonde Frau mit Dutt auf der Bühne immer interessiert hat. Das kostet viel Kraft. Das braucht viel Leidenschaft. Das bedeutet ständiges Arbeiten.

Die große blonde Frau mit Dutt weiß, dass sie manchmal hart ihrem Umfeld gegenüber sein kann. Sie weiß, dass sie da auch dran arbeiten muss. Andere, die nicht sofort auch so brennen, wie sie sich das vorstellt, nicht abzuurteilen, sondern immer offen zu bleiben für neue und andere Herangehensweisen. Immer funktioniert das nicht.
Die große blonde Frau mit Dutt kann während der Proben und vor allem nach einer Vorstellung, bei der nicht alles so geklappt hat, wie sie sich das gewünscht hat, sehr, sehr laut werden. Dann lodert die Wutflamme richtig hoch und schlägt unkontrolliert um sich.

Wenn bei einer Vorstellung gewisse Dinge nicht funktionieren. Und damit meint die große blonde Frau mit Dutt Dinge wie Lichtzeichen, Toneinsätze, Requisiten, die nicht richtig eingerichtet sind, wie sie gerade sein sollen, Textpassagen, die nicht richtig oder gar nicht kommen, Energien von Kolleg*-innen, die nicht „richtig" oder gar nicht kommen. Also alles Situationen, an denen Menschen hängen. Und wo Menschen zusammenkommen, passieren Fehler, weil wir zum Glück keine Roboter sind. Weil wir alle mit unseren Geschichten und dem, was uns passiert ist, aufeinandertreffen, zur Arbeit kommen. Genauso wie die große blonde Frau mit Dutt nicht immer ihren Alltag, das, was ihr passiert ist, draußen lassen kann, gelingt das selbstverständlich auch Menschen um sie herum nicht.

Die große blonde Frau mit Dutt versucht, daran ständig hart zu arbeiten, an der Kunst, ihre Figur, den Theaterabend an oberste Stelle zu stellen.
Die große blonde Frau mit Dutt kann in einen ziemlich großen Selbsthass verfallen, der sich mit großer Unsicherheit vermischt, wenn sie das Gefühl hat, an einem Theaterabend,

an einem Drehtag nicht wirklich alles, alles, alles gegeben zu haben, was ihr zur Verfügung steht.
Und wenn dann ein Mal so ein Lichtzeichen nicht kommt oder ein Video ausfällt, das zu einem gewissen Zeitpunkt abgespielt werden soll.
Dann ... ja dann ... dann wird sie rasend.

Gar nicht unbedingt in dem Moment. Aber danach. Nach dem Applaus. Der gehört noch zu Vorstellung. Die große blonde Frau hat mal von einem Regisseur gesagt bekommen: Bitte trag nicht immer die gesamte Revolution noch in deinem Gesicht mit, wenn du dich verbeugst. Das ist das Danke der Zuschauer*innen. Freu dich darüber. Die große blonde Frau mit Dutt versucht also zu lernen, sich nicht beim Applaus ihre persönliche Wertung des heute Gespielten anmerken zu lassen.
Das klappt nicht immer.
Letztens wieder nicht.
Sie war so ... ja, was war das noch mal?
Genau: wütend!

Da fiel an einem Abend das Video aus, das eingespielt werden sollte. Ein wichtiger Bestandteil des Theaterabends – einfach weg. Fünfzehn Minuten, die nicht stattfanden. Die wichtig für den Abend, aber auch für die große blonde Frau mit Dutt waren, damit sie den Bogen, der für sie zu spielen war, bekommt. Damit sie nicht aus der Kurve kippt. Das Video fiel aus. Technisches Versagen. Menschliches Verfehlen. Egal. Der Applaus kam.
Die große blonde Frau biss sich während der Verbeugung so fest auf die Innenseite ihrer Wangen, dass es fast geblutet hat. Aber sie versuchte, die gesamte Revolution nicht mitzutragen, nicht zu zeigen.

Ihre Lippen bebten, ihr Kiefer verkrampfte sich. Und sie konnte sich leider fast nicht über den wunderbaren Applaus freuen. Der kam trotzdem, obwohl und auch vielleicht weil das Video ausgefallen war und die große blonde Frau mit Dutt improvisieren musste. Ihr Publikum mochte die Improvisation.

Kaum war der Applaus abgeklungen und die große blonde Frau im Gang vor ihrer Garderobe, gab es kein Halten mehr. Ein Gegenüber musste her. Egal wer. Keiner da. Also Wut erst mal gegen sich selbst entladen. Gegen den Garderobenstuhl. Der traf dann das Schienbein. Weil die Wut erst mal irgendwohin musste. Und so ein Tritt gegen einen Garderobenstuhl hat erst mal was irrsinnig Befreiendes. Genau drei Sekunden lang, dann kommt der Schmerz, dann tut das Schienbein urweh und es ist anzunehmen, dass noch in der Nacht ein sich blau bis lila färbendes Hämatom kommt. Egal. Die Wut musste erst mal irgendwohin. Also Garderobenstuhl treten.

Dann unter die Dusche. Wut gegen das nicht mehr volle Duschgel. Wut gegen das Shampoo, das immer wieder runterfällt und die große blonde Frau mit Dutt fast ausrutschen lässt, weil sich der gesamte Inhalt am Duschboden und nicht in ihren Haaren verteilt. Ein lauter Schrei in der Duschkabine. Das gibt's doch alles nicht. Ich komme zwei Stunden vor der Vorstellung, mach diesen scheißverdammten Text jedes Mal durch, obwohl ich den Abend schon siebzig Mal gespielt habe, und diese verdammten, blöden Idioten bekommen diesen einen Einspieler nicht hin. Ich fasse es nicht. Nie wieder spiele ich diesen Abend. Wie peinlich! Da kommt kein Video. Der Abend ist dreißig Minuten kürzer. (Das Video dauert sieben Minuten, aber in der Emphase der Wut können solche Zahlen schon mal variieren.) Ich schäme mich in Grund und Boden. Nie wieder geh ich mit diesem Abend raus. Ich kotze. Ich kotze gleich hier in die Duschkabine. Scheißverdammte Wasserversorgung, alles kalt hier, es ist so kalt, ich werde mich erkälten. Und wofür? Wofür? Dafür, dass ich diesen verdammten Abend nicht mal ganz spielen konnte. Nichts hat funktioniert. Die Leute haben bestimmt nichts verstanden. Ich hasse es. Ich hasse alles.

Wut gegen die Leggins, welche die große blonde Frau mit Dutt vor der Vorstellung hastig ausgezogen hat, die jetzt verkehrt herum ist, und es ihr erst auffällt, als sie schon mit einem Bein verkehrt in der Hose ist. Verdammte Scheiße. Daran bin ich selbst schuld. Für nichts nehme ich mir Zeit. Ich hasse alles. Wut gegen den viel zu kleinen Arschloch-Föhn, der in der Garderobe liegt und die Haare ewig lange nicht trocknen lässt, aber mit nassen kann die große blonde Frau mit Dutt nicht rausgehen, es ist saukalt und sie darf sich nicht erkälten. Auf keinen Fall.
Wann verdammt kommt eigentlich jemand, den ich anschreien kann?
Wut gegen die verdammte Heizung, die viel zu heiß ist. Es ist viel zu heiß hier. Das gibt es doch nicht. Endlich raus. Raus aus der Garderobe und in den Flur.

Ha!! Da stehen Menschen.
Wie könnt ihr mich so einer Situation aussetzen?
Ich fühle mich so entmächtigt! Ich tue alles, um den Theaterabend so perfekt wie möglich vorzubereiten. Ich mache das jedes Mal, warum zur Hölle klappt das alles nicht? Wo seid ihr mit eurer Aufmerksamkeit? Ist euch völlig egal, dass ich da auf der Bühne halb verrecke? Ist euch nicht peinlich, was wir den Zuschauer*innen heute angeboten haben? Ein Abend, der um vierzig Minuten kürzer ist (je länger

die Wut andauert, desto mehr verschwimmt das mit den Zahlen) als eigentlich geplant, weil ihr dieses Video nicht einspielen könnt?
Ich werde diesen Abend nie, nie wieder spielen! Das ist so peinlich. Ich schäme mich. Ich bin so wütend, dass ihr nichts gemacht habt. Dass ihr mir nicht geholfen habt. Dass ihr mich allein gelassen habt. Wenn das alles nicht zu stemmen ist, dann lassen wir es einfach.
Und das ist mir jetzt völlig egal, ob euch meine Wut zu viel, zu laut, zu heftig ist. Wut ist Leidenschaft! Habt ihr verstanden? Ich bin wütend, ich ärgere mich, weil mir etwas, was mir wirklich, wirklich wichtig ist, nicht möglich war umzusetzen, weil ein Außen versagt hat, weil ein wabbeliges Außen mir die Möglichkeit genommen hat zu reagieren. Weil ich mich auf ein Außen verlassen musste, damit ich weiterkomme. Dann verlasse ich mich lieber nur auf mich!

Die große blonde Frau mit Dutt stürmt aus dem Theater vor die Kantine. Es ist eisig kalt. Aber ihre Haare sind komplett trockengeföhnt, sie ist warm angezogen und hat sich, weil die Garderobe eine wunderbare Temperatur hatte, gut vorheizen können für den restlichen Abend draußen. Es ist so kalt. Die große blonde Frau mit Dutt kann ihren Atem sehen. Wenn sie einatmet, tut es fast weh. Tränen laufen über ihre Wangen. Der Erleichterung, Erlösung, der Kälte, der Wut. Sie atmet tief ein und aus.

Jetzt geht es ihr besser.

Sie weiß, dass es streckenweise irrational war, wie sie gerade hochgefahren ist. Aber sie weiß zugleich, dass sie jetzt wartet, bis das Team runterkommt und sie allen ein Bier oder einen Wein holen möchte und sie dann gemeinsam mit ihnen eine

Lösung für das Videoproblem finden möchte. Gemeinsam. Als Team.
Und das tut die Gruppe dann auch.
Zusammen.
Mit der ausgewüteten, großen blonden Frau mit Dutt.

Das ist eine Art der Wut, für die sich die große blonde Frau mit Dutt nicht mehr entschuldigen wird. Sie will nicht hören, dass sie hysterisch ist. Dass sie überreagiert. Dass sie viel zu emotional an die Dinge herangeht. Diese Zuschreibungen lässt sie nicht mehr zu. Hat sie sich vorgenommen. Manchmal fällt ihr das noch schwer.

Die große blonde Frau mit Dutt weiß, dass es wichtig ist, ihre Gefühle, ihre Wut auch immer ins Verhältnis mit ihrem Gegenüber zu setzen. Die große blonde Frau mit Dutt möchte niemanden verletzen oder kränken.
Aber sie weiß auch, dass sie für eine Sache immer und immer wieder kämpfen wird – ihrer Spielwut freien Lauf zu lassen. Und wer oder was auch immer sich dagegenstellt, wird diese Spielwut dann auch abbekommen.
Dieser Beruf ist und bleibt die größte Leidenschaft der großen blonden Frau mit Dutt und sie wird jeden Tag mit all ihren Emotionen dafür kämpfen zu spielen! Und dafür muss sie eben manchmal auswüten. Sie versucht, wo sie kann, ihre Wut nicht gegen andere zu richten, weil sie weiß, dass sie sehr viel Kraft hat, dass diese Kraft einigen auch Angst macht, dass andere Respekt vor dieser Kraft und dieser Wut haben. Also versucht sie, ihre Kraft und Wut in ihre Figuren, ihren Körper, ihre Bühnensprache zu packen. Dort hat die Wut nämlich ein ganz wundervolles Zuhause. Auf der Bühne. Vor der Kamera. In den Charakteren.

HALT MICH
ICH HALT DICH
MICH HALT
ZUSAMMEN
WIR HALTEN
ZUSAMMEN

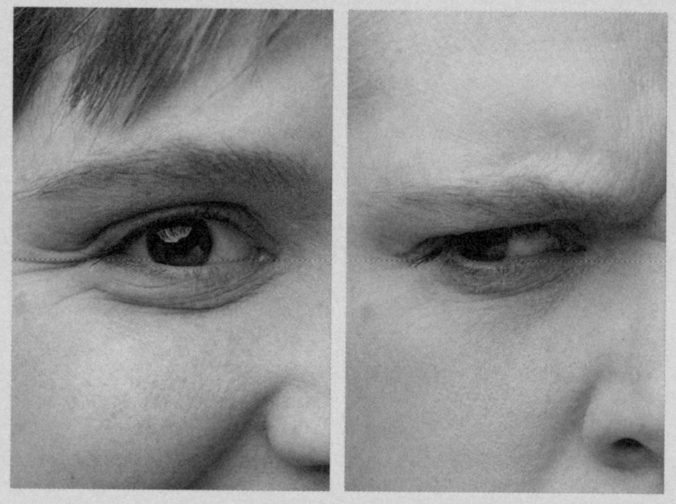

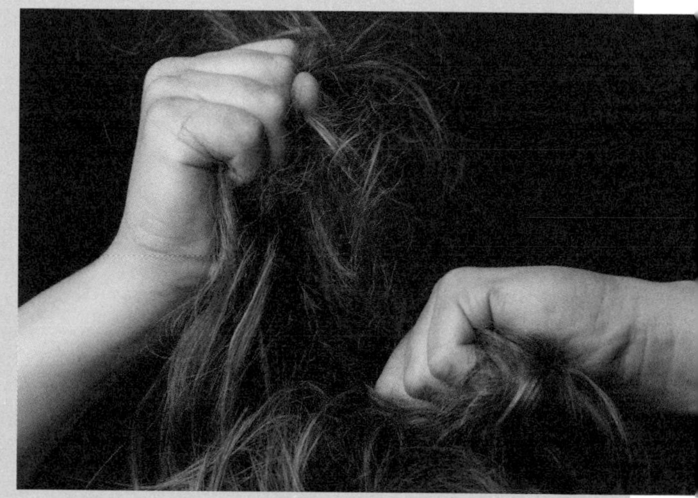

Zwei Druckkochtöpfe treffen sich

TOPF 1
Ich bin so glücklich mit meinem Inhalt, alles köchelt und brodelt so gemütlich vor sich hin, vermischt sich, alle sind so harmonisch zusammen.

TOPF 2
Ich glaub, du spinnst doch! Also mich hat keiner gefragt, was er da alles in mich reinhauen kann. Das und das und das. Das passt doch alles nicht zusammen, ich weiß gar nicht, wohin damit, wie und wann soll ich das alles verarbeiten? Und mir ist so heiß.

TOPF 1
Ja, das sehe ich. Du brodelst schon.

TOPF 2
Wie hältst du das nur aus? So ruhig zu bleiben, so zu köcheln. Mir kommt der Dampf schon bei den Ohren raus.

TOPF 1
Du musst einfach nur runterschlucken. Dann geht das schon. Immer schlucken. Schlucken. Schlucken. Dann gewöhnst du dich an alles. An alles, was sie dir sagen, was sie in dich reinwerfen.

TOPF 2

Nein! Das kann ich nicht mehr. Ich will doch selbst entscheiden, was in mich reinkommt und wie ich was vermische. Es kann doch nicht sein, dass ich nur dazu da bin auszukochen, was andere möchten.

TOPF 1

Na, jetzt übertreibst du aber. Vieles magst du doch auch?

TOPF 2

Ja schon, aber vielleicht hab ich mich auch daran nur gewöhnt? Weil es schon so lange passiert? Weil ich schon so lang geschluckt hab? Was, wenn ich jetzt sofort aufhören würde zu schlucken? Was dann?

TOPF 1

Da hab ich noch nie drüber nachgedacht.

TOPF 2

Dann wird es aber Zeit.

TOPF 1

Du meinst, ich könnte jederzeit aufhören zu schlucken?

TOPF 2

Bestimmt.

TOPF 1

Warum ist mir das noch nie in den Sinn gekommen? Es ist doch absoluter Schwachsinn, dass die Menschen meinen, sie können einfach alles in mich reintun, mich so vollmachen und ich koche ihnen die Suppe dann schon zurecht, die sie von mir erwarten! So eine verdammte Scheiße aber auch. Ich glaub, ich spinne. Das ist doch komplett irrsinnig …

TOPF 2
Du dampfst schon oben raus.

TOPF 1
Das ist mir doch egal. Sollen die doch schauen, was die dann mit ihrer ganzen Scheiße machen. Ich will selbst und von vorne anfangen. Ich will für mich entscheiden und Ja und Nein und Aus und Stopp und Weiter sagen. Ich bin so … was ist das nur? So heißgekocht und brodelnd und gefährlich und blubbernd und …

TOPF 2
Wütend.
Du bist wütend. Du …
Du … Wo bist denn du?

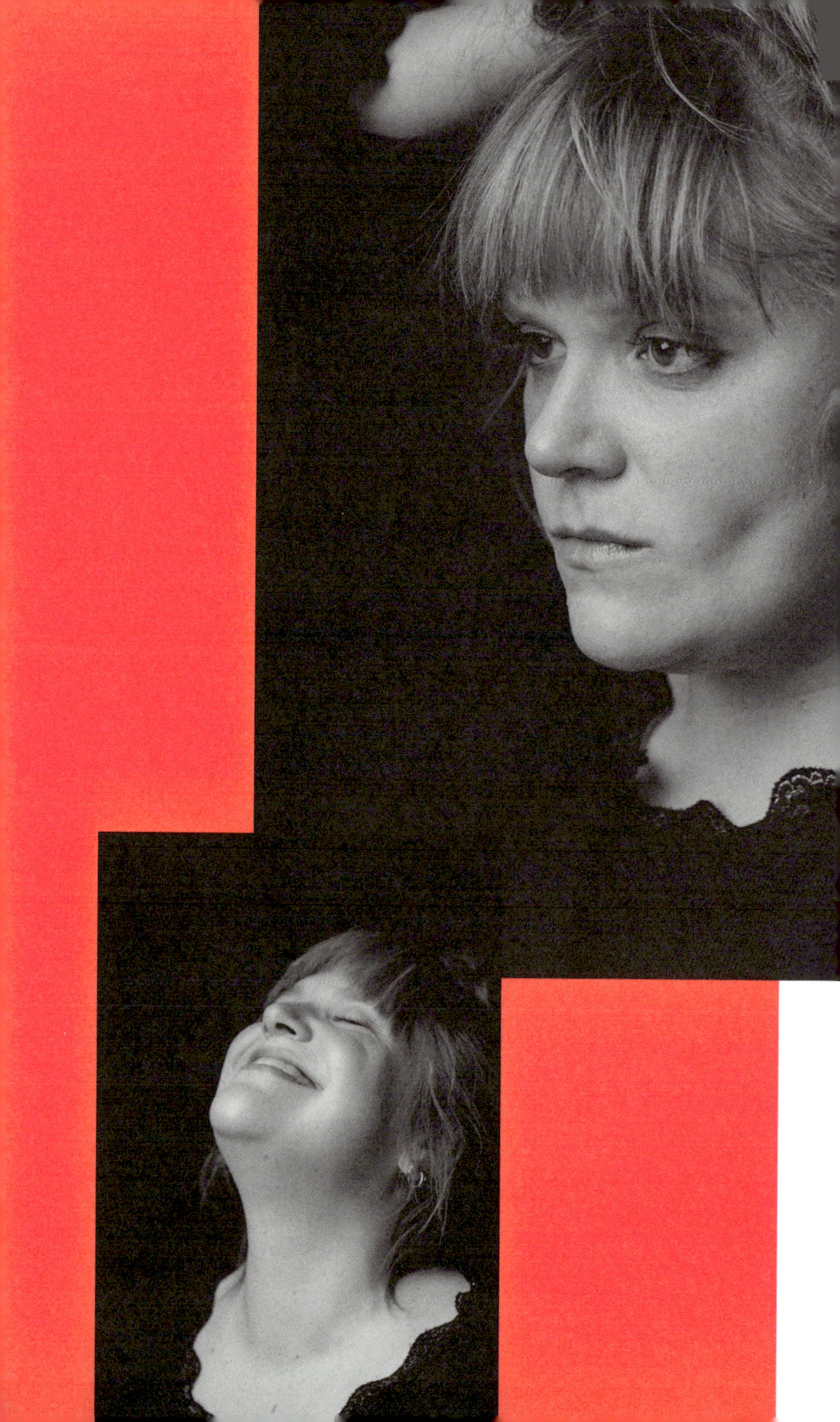

DIE LIEGEWIESE

AUGUST 2020

Es ist ein wunderschöner, sehr heißer Augusttag. In diesem gar nicht wunderschönen, eher abkühlend wirkenden Jahr 2020. Aber heute ist es schön. Es ist heiß. Sommer. Die Grenzen sind wieder geöffnet, es lebe der Reiseverkehr. Corona und die Pandemie sind für einige Wochen vergessen. Sogar Kunst darf unter gewissen Auflagen stattfinden. Juhu.

Wenn wir von oben auf das wunderschöne, alte Thermalbad Vöslau blicken könnten, würden wir mit großer Sicherheit keine Baby-Elefanten zwischen den Liegenden sehen. Die Menschen sind ausgehungert und gierig nach Genuss, nach dem Miteinander, nach dem Wieder-beisammen-Sein. Schön fettig gebrutzelte Pommes, wie es sie nur in Freibädern gibt, werden genussvoll in die Münder geschoben. Damen wringen ihre Badeanzüge aus und lassen sie zum Trocknen über den Bänken hängen.

Die Sonnenanbeter mischen sich mit den Schattensüchtigen, so kommt kein Streit auf, wer welche Plätze belegt. Es ist ein buntes Treiben in Bad Vöslau.

Drei junge Frauen, Freundinnen, schlendern über die Wiese. Es ist fast wie im Labyrinth, sich durch die verschiedenen Liegekonstruktionen einen Weg zu bahnen. Drei sehr unterschiedliche junge Frauen, die sich lange nicht gesehen haben. Die Corona und/oder ihre Arbeit jetzt lange voneinander ferngehalten haben. Sie sind wieder vereint. Endlich. Nicht für lange. Aber für einen Moment. An diesem heißen Tag in Bad Vöslau. Sie flanieren also in ihren Sommerkleidern über die Liegewiese. Auf einmal werden sie aufgehalten.

„Na hallo, bitte. Se san doch de Stefanie Reinsperger?", spricht ein männlicher Badegast das Trio an. Die große blonde Frau mit dem Dutt nickt, verstohlen, fast verlegen. Sie ist Schauspielerin und liebt ihre Arbeit über alles. Das Angesprochenwerden abseits der Bühne oder des Filmsets ist ihr immer noch unangenehm. Am liebsten möchte sie einfach nur spielen, spielen, spielen. Ihre Arbeit machen, ihrer Berufung nachgehen, ihrem inneren Drang folgend Geschichten erzählen. Am liebsten von den Menschen, die sonst nicht gehört werden. Am liebsten über Charaktere, die ohne die Darstellung der großen blonden Frauen auf ewig stumm bleiben würden, deren Nöte keiner kennenlernen könnte. Am liebsten Stücke mit wuchtigen Textmassen, die es zu erforschen und zu durchdringen gibt. Am liebsten mit vollem Körpereinsatz und ganz viel Inbrunst. Am liebsten alles den Zuschauer*innen schenken, was sie zu geben vermag an Leidenschaft, Wut, Hass, Liebe, Aufopferung, Hingabe. Am liebsten alles in den Zuschauerraum werfen und die Menschen mit Gedanken zurücklassen, die sie dann eigenständig umwälzen und bearbeiten können. Am liebsten völlig ungeschützt und frei. Aber so fühlt sie sich immer nur auf der Bühne und beim Spielen. Frei.

An diesem wunderschönen, sehr heißen Sommertag im August in Bad Vöslau fühlt sie sich nicht ganz frei. Sie ist hier wegen eines Auftritts. Ein herrliches, kleines, feines, großartiges Kulturevent, an dem ihre Seele hängt. Sie ist hier, weil die Organisatorin eines ihrer Idole ist. Sie ist hier, weil der Kollege, mit dem sie diesen Abend macht, ein ihr sehr wichtiger, naher Mensch ist. Dieser Kollege ist übrigens mit daran schuld, dass sie später ein Buch schreiben wird. Dieses. Ebendieser Kollege wird ihr später an dem Abend sagen, dass er gerade ein Buch geschrieben hat und sein Verlag wissen möchte, ob sie nicht auch ein Buch schreiben möchte. Und ebendieser Kollege wird später zu der großen blonden Frau mit Dutt sagen: „Ich glaube, du hättest wirklich viel zu sagen!“ Das wird die große blonde Frau mit Dutt diesem wundervollen Kollegen nie vergessen.

Jedenfalls ist sie hier, um zu spielen, ihre Arbeit zu machen, ihrer größten Leidenschaft nachzugehen. Das erste Mal seit langer, langer Zeit vor Publikum.

Aber sie ist auch hier, weil sie ihre zwei sehr wichtigen, besten Frauen in ihrem Leben endlich wieder treffen kann. Diese beiden wunderbaren Menschen sind extra rausgefahren nach Bad Vöslau, um die große blonde Frau mit Dutt zu sehen. Ihr beim Spielen zuzusehen, aber vor allem, um sich endlich, endlich mal wieder zu umarmen. Sich auszutauschen. Das durften sie jetzt so lange nicht. Das war nicht möglich. Die Umstände, die Zeit haben das nicht zugelassen.
Nie hätten die drei Frauen sich so was ausmalen können. Bestimmt hätte sich niemand der Anwesenden in Bad Vöslau so was ausmalen können. Ziemlich sicher hätte sich niemand auf der ganzen Welt so was ausmalen wollen.

Sie sind also endlich wieder vereint. Kunst bringt Menschen zusammen. Vor allem in Bad Vöslau bringt Kunst sehr wundervolle Menschen zusammen. Eigentlich ist an diesem wunderschönen, heißen Augusttag alles wichtiger als dieser männliche Badegast, der das harmonische Trio gerade unterbrochen, ja, ich möchte sagen, fast gestört hat.
Wir hören also noch mal hin, wir müssen, weil der männliche Badegast auch recht laut und Raum einnehmend diese Frauen-Freundschaft-Vereinigung unterbrochen hat.

„Na hallo, bitte. Se san doch die Stefanie Reinsperger?", spricht ein männlicher Badegast das Trio an. Die große blonde Frau mit Dutt zuckt etwas zusammen. Es ist ihr immer noch unangenehm, im privaten Umfeld angesprochen zu werden. Nicht, weil sie das per se nicht mag. Sie freut sich, wenn ihre Arbeit Menschen zum Nachdenken anregt. Selbstverständlich freut sie sich, wenn Menschen ihre harte Arbeit zu schätzen wissen und vielleicht sogar toll finden. Leider hat die große blonde Frau mit Dutt aber auch sehr viele schlechte Erfahrungen gemacht mit diesem „Angesprochenwerden". Warum auch immer, die große blonde Frau mit Dutt scheint einigen Menschen das Gefühl zu geben, ihr alles an den Kopf werfen zu können, was so über sie kommt. Die große blonde Frau mit Dutt zieht nicht gerne Grenzen, das hindert sie am Spielen, in ihrer Arbeit. Aber privat muss sie das immer wieder machen. Muss sie das mehr machen, das weiß sie. Sie ist schon zu oft verletzt worden. Sie liebt ihre Arbeit mit jeder Faser ihres Körpers. Sie liebt es, mit jeder einzelnen Zelle, die ihr zur Verfügung steht, zu spielen. Sie möchte nichts mehr, als jeden Abend auf der Bühne alles an Gefühlen Mögliche raus- und zulassen und ihre Figuren damit zum Leben erwecken und Menschen zum Nachdenken bringen. Sie freut sich, wenn Menschen in den Figuren, die sie spielt, sich selbst erkennen. Sie ist dankbar, wenn Menschen ihre Kraft und Energie erkennen. Sie würde sich auch sehr freuen, wenn Menschen auch ihre Verletzlichkeit und Traurigkeit in den Figuren sehen würden. Weil viele Menschen vor allem oder sogar nur ihre Wut und Energie auf der Bühne sehen, haben vielleicht einige das Gefühl, sie können mit der großen blonden Frau mit Dutt auch privat so umgehen. Weil sie auf der Bühne eine starke Person gesehen haben, eine Kämpferin. Aber die große blonde Frau mit Dutt ist eine Verletzte, eine Gekränkte. Eine, die immer wieder hinfällt, verwundet ist und dann aus eigener Kraft wieder aufsteht. Sie hat einige Narben. Wie wir alle. Jeder Mensch hat seinen Rucksack und seine Geschichte. Jeder hat seine Familie. Wir können das nicht wissen, wenn wir ihn das erste Mal sehen, wir können nicht wissen, was diesem Menschen widerfahren ist. Aber wir sollten es im Hinterkopf behalten. Wir sollten nicht davon ausgehen, dass jeder Mensch mit allem, was wir ihm sagen möchten, sofort umgehen kann. Und die große blonde Frau mit Dutt ist in diesem Moment, in dem der männliche Badegast … ja, fast haben wir ihn schon wieder vergessen, er ist ja auch eigentlich unwichtig, aber in seiner doch sehr lauten, Raum einnehmenden Art werden wir ihn nicht los. Weder an dem wunderschönen, heißen Sommertag in Bad Vöslau noch hier in diesem Buch. Jedenfalls ist die große blonde Frau mit Dutt in diesem Moment nicht bereit, mit allem umzugehen, was ihr ungefragt von fremden Menschen gesagt wird.

„Na hallo, bitte. Se san doch die Stefanie Reinsperger?“, spricht ein männlicher Badegast das Trio an. Die beiden anderen Frauen wissen, dass die große blonde Frau mit Dutt eigentlich lieber weitergehen würde. Die beiden anderen Frauen kennen die vielen, unangenehmen Begegnungen, welche die große blonde Frau mit Dutt schon ausgestanden hat. Die beiden

andren Frauen wissen aber auch, dass die große blonde Frau mit Dutt ein höflicher Mensch ist, dass die Theaterhäuser jetzt fast ein Jahr geschlossen hatten, und die große blonde Frau mit Dutt lange keine Zuschauer*innen mehr gesehen hat. Und alle drei Frauen wissen, dass wir als Gesellschaft alle gemeinsam eine ziemlich beschissene, harte Zeit hinter uns haben, die uns doch einmal mehr gezeigt hat, wie wichtig es ist, respektvoll, emphatisch miteinander umzugehen.
Also hält die große blonde Frau mit Dutt an. Sie bleibt stehen. Lässt sich unterbrechen. Weil es doch eigentlich schön ist, dass sie erkannt wird, dass jemand das Gefühl hat, kurz „Hallo!" sagen zu wollen. Die beiden anderen Frauen stellen sich in respektvollem Abstand etwas weiter weg, um zu warten, bis die Frau mit Dutt ihr Gespräch, das gleich folgen wird, beendet haben wird.

Die blonde Frau mit Dutt begrüßt den ihr unbekannten männlichen Badegast freundlich, nachdem sie ihn auf den Baby-Elefanten-Abstand hingewiesen hat, den sie ihn bittet einzuhalten, wenn er mit ihr spricht. Es ist August 2020 und eine weltweite Pandemie, und sie kennt diesen Menschen nicht, also auch ohne weltweite Pandemie ist es für die blonde Frau mit Dutt normal und anständig, von – vor allem unbekannten – Personen etwas Abstand zu halten.

Es folgt ein anfänglich nettes Gespräch. Es wird ihr zu ihrer Arbeit gratuliert. Der männliche Badegast meint, sie werde hier in Wien vermisst. Das hört die blonde Frau mit Dutt gerne, es freut sie. Nein, sie hat keine Autogrammkarten dabei. Ja, vielleicht beim nächsten Mal. Ja, sie spielt heute Abend. Ja, mit diesem sehr wundervollen, netten Kollegen. Ja, Bad Vöslau ist ein Traum. Danke für das Gespräch. Gesund bleiben bitte! Alles Liebe!

Und gerade will sie sich auf den Weg zu ihren Freundinnen machen, da passiert es. Da kommt der Kommentar zu viel, das, was wütend macht, was die Grenze durchbricht, was zu viel ist, zu unvorsichtig, zu übergriffig, zu unangemessen. Das, was sie eigentlich vermeiden wollte. Das, wovon sie eigentlich im Inneren wusste, dass es kommt. Aber die große blonde Frau mit Dutt hat gedacht, es ist August 2020, wir leben in einer anderen Zeit und werden nicht mehr respektlos miteinander umgehen.

Aber.
Leider.
Falsch gedacht.

Der männliche Badegast: „Oba wissens, wos I Eana scho imma moi sogn woit: Des Kleid, wos Sie do onghobt hob'n in Soizburg bei dem ‚Jedermann'. Do homs wirklich unmöglich ausgschaut. Des hot Eana goa net passt. Versteh I bis heit net, warum Sie so was ozogn hom. Dass Sie si do nit gschämt hob'n. Des wor wirklich net schön zum Anschaun."

Die blonde Frau mit Dutt bemerkt, wie ihr das Blut in die Wangen schießt. Wie ihre Unterlippe anfängt zu zittern, ihre Augen leicht zu zucken beginnen und sich ein großes Gefühl in ihr aufstaut. Es ist ein Pochen in der Brust, ein Flattern in den Ohren. Wenn sie könnte, würden jetzt Blitze aus ihren Augen schießen. Waagrecht. Ihre großen Augen füllen sich mit Tränen. Nicht der Trauer. Nein. Der Wut.

Die blonde Frau mit Dutt:
„Warum?
Warum sagen Sie das jetzt zu mir?
Was gibt ihnen das Gefühl, dass Sie so einen Kommentar

mir gegenüber ablassen können?
Woher nehmen Sie sich heraus, so mit mir zu sprechen?
Warum denken Sie, dass mich Ihre Meinung zu meiner Kleiderauswahl interessiert?
Sagen Sie so etwas männlichen Kollegen auch zu ihren Kostümen?
Stößt es Ihnen auch derart auf, wenn Sie schwarze Anzüge oder Jeanshosen an männlichen Schauspielern auf der Bühne sehen, oder können Sie dann schon ruhig schlafen?
Möchten Sie von mir auch einen Kommentar zu der Auswahl Ihrer Badehose gerade hören?
Wieso sind Sie derartig unhöflich, nachdem wir gerade doch ein ganz nettes Gespräch geführt haben?
Warum um alles in der Welt denken Sie, dass Sie so mit mir sprechen können?
Woher nehmen Sie sich das Recht und die Macht, mir derartige Sprüche um die Ohren zu hauen.
Ich will das nicht mehr!
Haben Sie mich verstanden?
Lassen Sie mich in Ruhe!
Wenn Sie mit mir nicht höflich und respektvoll sprechen können, dann lassen Sie es sein. Dann grüßen Sie mich doch gar nicht erst.
Warum ermächtigen Sie sich, einer Frau diese Sätze zu sagen?
Es ist mir richtig scheißegal, ob Sie mein Kostüm schön finden. Es ist mir noch mehr egal, ob Sie mich schön finden.
Es würde mich enttäuschen, wenn Sie meine Arbeit und meinen Rollenzugang entsetzlich fänden.
Aber mein Kleid? Echt jetzt?
Oh, das hat Ihnen nicht gefallen.
Mit meiner Kleiderauswahl habe ich Ihnen den Abend versaut?
Dafür entschuldige ich mich nicht. Nicht mal ironisch.
Nicht schön zum Anschauen?

Mein Kleid war nicht schön zum Anschauen?
Ich war nicht schön zum Anschauen?
Das hat Ihnen nicht gutgetan.
Oh weh.
Sie haben kein Recht, öffentlich über mein Aussehen, mein Kostüm, meinen Körper zu sprechen.
Dieses Recht habe nur ich!
Sollen wir in Zukunft abstimmen, welche Kostüme beim männlichen Zuschauer gut ankommen und ihn zufrieden stimmen und welche nicht?
Ich möchte dann auch mit abstimmen, wo Sie ihre Badehose kaufen und in welcher Größe, okay?
Ich bin hier, weil ich gleich einen Auftritt habe. Weil ich mich drauf freue, später endlich wieder zu spielen.
Kommen Sie zuschauen, oder soll ich Ihnen vorher meine Kleiderauswahl schicken?
Ich habe es so satt. Ich habe es so satt, dass Menschen, nicht nur Männer, auch Frauen, mir immer wieder diese oder ähnliche Dinge an den Kopf werfen.
Ich ertrage das nicht mehr, dass Menschen meinen, sie könnten so mit mir jederzeit und überall sprechen.
Ich mache meine Arbeit, die liebe ich über alles. Es gibt fast nichts in meinem Leben, das ich so sehr liebe wie das Spiel. Aber ich möchte nicht mehr Zielscheibe für derartige Kommentare und Anfeindungen sein.
Das kostet mich zu viel Kraft.
Davon habe ich viel, das habe ich mir aufgebaut, aufbauen müssen, ein Kraftschild, ein Schutzschild, um mit diesem ganzen Bullshit umzugehen. Aber meine Kraft brauche ich für meine Arbeit, meine Leidenschaft.
Meine Kraft möchte ich nicht mehr an diese sinnlosen, unnötigen Dialoge verschwenden.
Haben Sie das verstanden?

Ich habe mich hier endlos auf einen Nachmittag mit meinen zwei besten Frauen der Welt gefreut und Sie unterbrechen diesen Tag, diesen Moment, weil es Ihnen so wichtig ist, mir diesen unverschämten, oberflächlichen Dreck an den Kopf zu werfen?“

Der männliche Badegast: nervöses Murmeln, eine sehr, sehr leise Entschuldigung, ein verstohlenes Wegschleichen.

Die große blonde Frau mit Dutt geht wieder zu ihren Freundinnen, die das Gespräch nur fetzenweise mitbekommen haben. Die große blonde Frau mit Dutt hat jetzt sehr, sehr rote Wangen und es scheint, als würde Rauch senkrecht aus ihren Ohren steigen. Ihre Oberlippe bebt und ihre Wangen flattern etwas. Ihr Herz rast und ihre Hände zittern. Auch wenn die große Frau mit Dutt nun etwas desaströs aussieht, umgibt sie ein wunderbares Gefühl. Eine warme, ziemlich anziehende, heiße Aura. Eine ganz besondere Art von Kraftschild. Es umhüllt sie nun etwas, das wir oft und vor allem bei Frauen nicht sehen. Ein Gefühl, das, seit wir Mädchen sind, für uns eher tabu ist. Weil es nicht schön aussieht.
Aber die große blonde Frau mit Dutt ist schön.

Ganz schön wütend.

WAHNSINN
WARNT SINN
SINN SINNT NACH
WAHN

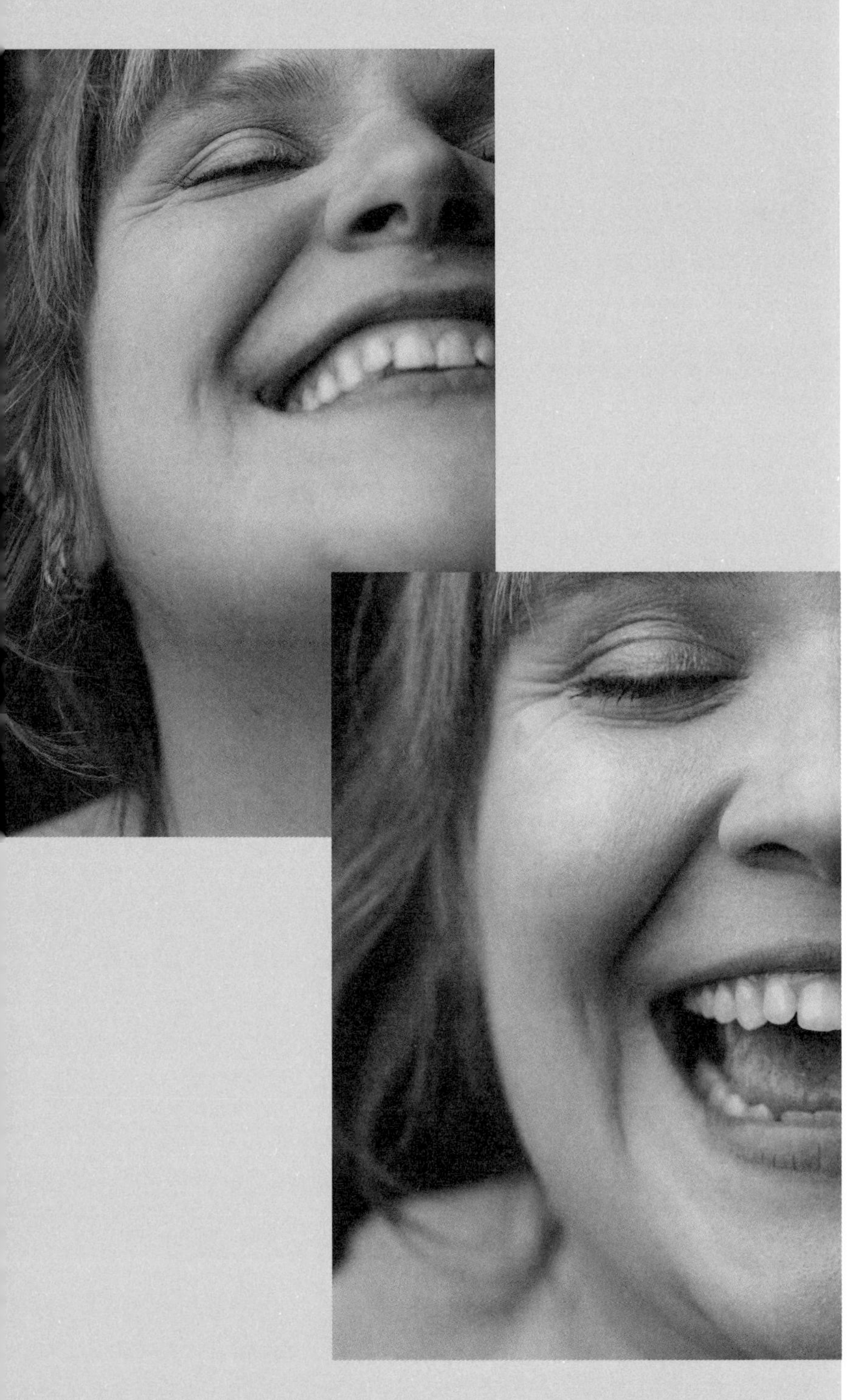

Zwei Druckkochtöpfe treffen sich mal wieder

TOPF 1
Na, sag mal, du grinst ja heute von einem Henkel zum anderen. Du blitzt und schimmerst so ganz von innen heraus. Was ist denn bei dir passiert?

TOPF 2
Ach du, ich fühle mich, als würden heute lauter Schmetterlinge in meinem Topf herumflattern.

TOPF 1
Schmetterlinge?

TOPF 2
Ja. Ich fühl mich so leicht und flatterig und auch ein bisschen fahrig und wuschig. Unsicher und aufgeregt, aber das macht mir keine Angst, im Gegenteil, ich find es schön.

TOPF 1
Und seit wann geht es dir so?

TOPF 2
Seit der Kochlöffel und ich gestern zusammen Waschtag hatten.

TOPF 1
Ach ja?

TOPF 2

Ja, wir haben gesprochen und gelacht und ich wusste gar nicht, wie lustig der Kochlöffel sein kann, wie viel Humor und Charme der hat. Ich sag dir, ich habe so lachen müssen, dass mein Deckel runtergefallen ist.

TOPF 1

Und jetzt?

TOPF 2

Jetzt kann ich nur mehr an ihn denken. Sein weiches Holz, seine tolle Maserung und die vielen klugen Dinge, die der gesagt hat. Wenn ich nur daran denke, wie gut der riecht, dann fangen die Schmetterlinge in meinem Bauch an, ganz hektisch und schnell zu flattern. Ich fühl mich, als würde ich über den Flammen schweben. Ganz leicht und neu und offen für alles Mögliche.

TOPF 1

Aber vielleicht ist das nur das Gefühl nach dem Geschirrspüler, da geht's mir auch manchmal so.

TOPF 2

Nein, nein. Ich weiß zwar, was du meinst, dieses Gefühl kann auch nur aus dir selbst raus entstehen. Aber bei mir ist das diesmal anders. Das ist der Kochlöffel, der meine Welt auf den Kopf stellt. Der mich von einem Henkel zum andren lächeln lässt. Durch den ich so rot werde, dass ich grad jedes Essen verbrenne.

TOPF 1
Und willst du ihm das nicht sagen?

TOPF 2
Spinnst du, wo denkst du hin? Ich möchte ja nicht aufhören, mich so zu fühlen.

TOPF 1
Aber du meintest doch, dass du dich durch ihn und mit ihm so fühlst. Der freut sich doch, wenn du ihm das sagst.

TOPF 2
Bist du denn wahnsinnig geworden. Stell dir vor, ich sage es ihm und dann denkt er nicht auch wie ich. Stell dir vor, er fühlt nicht im Ansatz dasselbe wie ich. Das wäre ja vielleicht peinlich. Oh, nein, nein. Da fühl ich lieber schön und heimlich in mich hinein mit meinen Glücksschmetterlingen und rot glühenden Henkeln.

TOPF 1
Und was, wenn der Kochlöffel ganz genauso fühlt wie du? Das wäre doch auch eine Option.

TOPF 2
Na, das hätte er mir ja wohl mal sagen können.

TOPF 1
Aber vielleicht denkt er auch, dass du denkst, er denkt, dass du eh nichts von ihm willst und er denkt, du denkst, es wäre besser, wenn er nicht denkt.

TOPF 2
Hm.

TOPF 1
Los, jetzt halte das feministische Schwert hoch und geh einfach zu dem Kochlöffel und sei die Erste, die über ihre Gefühle spricht. Wir sind doch nicht mehr im Mittelalter, wo der Mann auf seinem Ross daherkommen muss und die ersten Liebesbekundungen von sich gibt, bevor die Frau dann auch was sagen kann. Geh hin, sag, was du fühlst. Und ja, vielleicht fühlt er nicht auch so. Aber vielleicht schon!
Und stell dir vor, wie toll das wäre!

FORMEN WOLLEN NORMEN

NORMEN VOLL ABNORMEN

AB MIT DEN NORMEN

AB

NORMEN

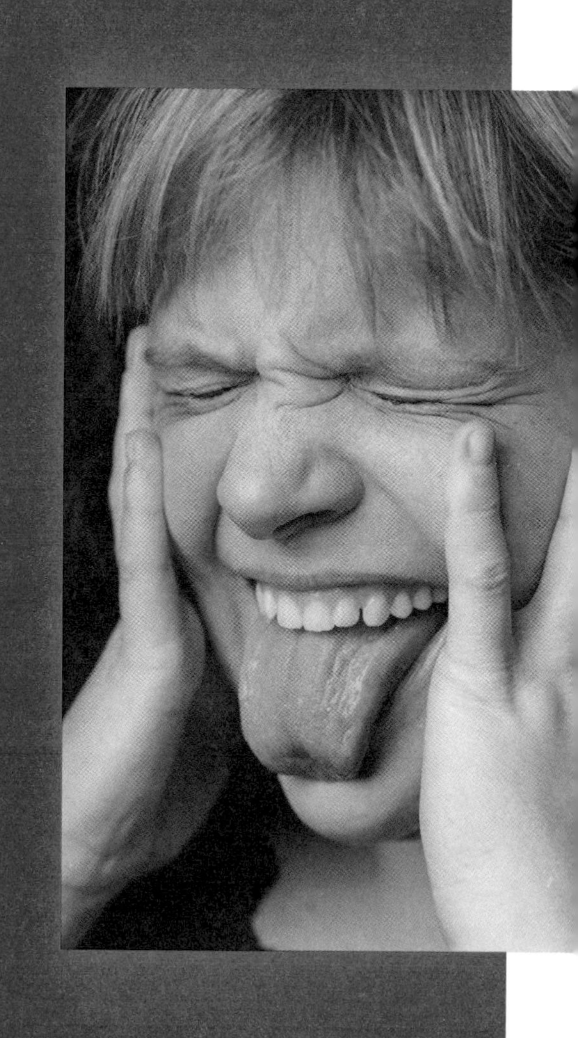

ES WAR EINMAL IM JUNI 2020

ODER: IN ZEITEN WIE DIESEN

Frisst seine Scheißweintrauben.
Seit dreißig Minuten.
Mindestens dreißig Minuten.
Wenn nicht länger.
Im ICE.
Frisst dieser Mensch da seine scheißtoxischen Weintrauben.
Frisst die einfach.
Schleckt sich die Finger ab.
Die Finger, die abgeschleckt wurden, fassen dann die Armlehnen an und die Türklinken, die ich vielleicht später auch noch anfassen muss.
Frisst dieser Mensch doch da einfach seine Weintrauben.
In Zeiten wie diesen.

Das macht mich so unfassbar wütend, dass es mir tatsächlich auch Angst macht. Diese neue Art von Wut. Die kenne ich noch nicht so lange. Ich muss sie noch weiter treffen, um sie genau einordnen zu können. Aber leider begegnet sie mir ganz schön oft. Diese Wut auf andere Menschen. Auf andere Menschen, die nicht mitmachen. Die uns Menschen, die wir mitmachen, ignorieren und oder sich auf uns andere Menschen verlassen, dass wir das als Gesellschaft eh wieder hinbekommen, wenn genug mitmachen. Aber viele wollen nicht mitmachen. Ich habe noch nicht ganz verstanden, warum. Ich versuche es zu verstehen. Aber es macht mich wütend, dass so viele nicht mitmachen wollen.

Ich war früher nicht wütend auf Menschen, die ihre Weintrauben im Zug gegessen haben. Ich möchte auch aus tiefstem Herzen nicht wütend auf Menschen sein, die ihre Weintrauben im Zug essen. Ich möchte eigentlich überhaupt nicht auf andere Menschen wütend sein. Ich komme damit klar, auf mich selber wütend zu sein, auch auf Garderobenstühle kann ich wütend sein, oder auf unqualifizierte Kommentare von meinem Gegenüber. Aber auf Menschen möchte ich nicht wütend sein. Nicht, weil sie ihre Weintrauben essen. Aber ich verstehe nicht, warum das jetzt passieren kann. Wir sollen doch Masken tragen. Wir sollen doch einander schützen. Wir sollen doch aufeinander aufpassen und Rücksicht aufeinander nehmen. Warum frisst der seit dreißig Minuten seine Weintrauben.
Ich fasse es nicht.
Aber ich trau mich auch nicht zu fragen, ob die Person jetzt wieder die Maske aufsetzen kann.
Weil genauso wie ich eine neue Wut in mir aufkeimen bemerkt habe, passiert das auch bei den anderen Menschen. Neue Wüte kommen. Abgrundtiefe böse Wüte, unkontrollierbare Wüte, die sich hemmungslos entladen und andere verletzen. Ich habe schon öfter andere Menschen, die nicht so gerne mitmachen, gefragt, ob sie ihre Masken aufsetzen können, weil ich das ja auch mache, um sie zu schützen. Einmal hat

mir eine Person vor die Füße gespuckt und gesagt, ich sei ein Scheißmitläufer. Und einmal hat eine andere Person mich an der Jacke gepackt und mich angebrüllt. Was, weiß ich gar nicht mehr, weil ich so schockiert von diesem nicht in Maske gehüllten Gesicht war, das so gefährlich nahe an mein Gesicht kam, und das sollen wir doch grade nicht. Wir sollen doch mehr Abstand halten, wir sollen doch Rücksicht aufeinander nehmen.

Jetzt telefoniert die Person auch noch?
Die Weintrauben sind alle, aber jetzt telefoniert die Person. Weiterhin ohne Maske. Eh klar. Was doch absoluter Bullshit ist. Ich habe schon so oft mit Maske telefoniert, ich war immer zu hören, ich war verständlich. Ich mag das nicht an mir, dass mir jetzt in solchen Situationen so heiß wird. So kochend heiß vor Wut, vor Angst, vor Unsicherheit. In Zeiten wie diesen wird mir oft alles zu viel. Es wird mir schneller zu viel als früher. Es wird mir anders. Bitte kann sich dieser Mensch das Ding endlich wieder aufsetzen. Ich werde immer nervöser und immer, immer wütender.
Was beides keine gute Kombination unter meiner FFP4-Maske ist, die ich trage, wenn ich verreise.

Nein! Nicht verreisen.
Reisen!
Zu meiner Arbeit! Ja ich darf endlich wieder arbeiten.
In Zeiten wie diesen.

Das ist keine Selbstverständlichkeit.
Ich gehöre nämlich zu der Gruppe von Menschen, denen vom Staat verboten wurde zu arbeiten. Wegen dieser blöden Pandemie. Coronski – wie ich sie seit Neuestem nenne, weil mir das besser gefällt, weil das i am Ende irgendwas Schönes

für mich hat, etwas Helles, etwas, das mich hoffen lässt, weil das doch alles schon verdammt lange dauert und viel länger, als ich mir das jemals ausgemalt hätte.

Na ja, jedenfalls wurden wir, also die Gruppe, zu der ich mich zähle, die Künstler*innen, die Darsteller*innen, die zur Schau Stellenden, genau, also wir wurden für nicht systemrelevant erklärt. Ich wusste davor gar nicht, dass es diesen Begriff gibt. Ich hatte schon oft das Gefühl, dass diesen meinen Beruf auszuleben eine Art Luxus ist. Ich durfte mein Hobby zum Beruf machen. Ich lebe von dem, was ich am allerliebsten auf der Welt tue – vom Spielen. Ich brauche das Spiel, seelisch, körperlich. Ich brauche die Auseinandersetzung, die Verausgabung, die Selbstaufgabe, das Hinfallen, das Zweifeln, das Aufstehen, das Weitermachen, das Erzählen, das Austauschen, das Hinterfragen, das Fantasieren.
Das alles ist meine Arbeit, und das seit über zehn Jahren. Damit verdiene ich meinen Lebensunterhalt, damit, so hoffe ich, rege ich viele Menschen zum Nachdenken an, mache sie glücklich, wütend, erregt, nachdenklich, bringe sie zum Lachen oder Weinen.

Am Anfang habe ich total verstanden, dass wir nicht spielen sollen.
Ich habe verstanden, dass wir uns jetzt solidarisch zeigen müssen und dass die Türen unserer wunderschönen Theater erst mal zu bleiben müssen. Klar, da kommen viele Menschen zusammen, alles eher kontraproduktiv.
In Zeiten wie diesen.

Die Theater sind geschlossen geblieben, auch die Kinos, selbst Dreharbeiten wurden über lange, lange Zeit unterbrochen oder verschoben oder ganz abgesagt.

Und dann durften wir wieder drehen, und das sogar recht schnell. Ich kam mir ganz kurz fast wie ein Profifußballer vor, weil auch wir, die wir drehen durften, sehr früh an Tests gekommen sind. Wir sollten zwar teilweise für Szenen davor schon zehn bis vierzehn Tage in Quarantäne, damit wir dann an dem Drehtag jemandem nahe sein dürfen. Aber wir durften immerhin arbeiten.
In Zeiten wie diesen.

Und das bedeutet, dass ich deshalb auch wieder in Zügen sitzen darf, soll, muss. Ich weiß gar nicht, wie ich das empfinde.
In Zeiten wie diesen.

Aber deshalb ist es auch für mich stressig, dass diese Person da schon seit dreißig Minuten die Weintrauben isst und nun seit zwanzig Minuten telefoniert.
Ich glaube, ich setze mich um.
Ich will das jetzt nicht kriegen.
Diese Scheiße.
Wenn ich in Quarantäne muss, dann muss der Dreh verschoben werden. Dann haben ganz viele Menschen wegen mir keine Arbeit. Dann werde ich vielleicht umbesetzt. Dann denkt jemand, ich hätte heimliche Partys gefeiert und deshalb Coronski.
Dabei hat diese Person Weintrauben gefressen im ICE. Wo wir doch Masken tragen sollen. Und es reichen wohl schon ein paar Minuten im Raum gemeinsam, ohne Maske, dann habe ich diese Scheiße eingeatmet. Dann haben sich die Aerosole verbreitet. Dann bin ich infiziert.
Ich könnte durchdrehen. Will schreien.
Aber geht auch nicht. Nicht im ICE.
Die Aerosole.

Aber auch nicht auf der Bühne. Wenn wir da schreien, sollen wir sechs Meter Abstand halten. Dann ist es okay.
Aber machen wir. Hauptsache, wieder arbeiten, spielen, darstellen. Danach lechzen wir doch schon so lange.
In Zeiten wie diesen.

Ich bin so hin- und hergerissen. Weil ich froh bin, wieder zu drehen. Weil ich manchmal nicht so froh bin, dass die Theater wieder geöffnet sind.
Ich will nicht, dass meine Eltern ins Theater gehen, weil ich mir nie verzeihen würde, wenn meine Eltern sich wegen mir anstecken. Aber vor allem mein Theater, das Berliner Ensemble, arbeitet gerade ganz hart daran, alles so sicher wie möglich zu machen, für uns Mitarbeiter*innen und selbstverständlich die Zuschauer*innen.
Manchmal denk ich, ich bin keine gute Künstlerin. Vielleicht bin ich grad eine tolle Mitbürgerin, weil ich mich an alles halte. Aber ich bin ja vor allem Künstlerin. Ich will und muss spielen. Ich will aber solidarisch sein. Ich will, dass dieser Scheiß endlich aufhört. Ich will nicht, dass noch mehr Menschen sterben. Ich will das medizinische Personal nicht überbeanspruchen. Ich will nicht schuld sein, dass Fallzahlen steigen. Aber ich will meinen Beruf ausüben.

Meinen Beruf. Genau.
Das haben, glaub ich, viele nämlich falsch verstanden. Dieses Wort Freizeiteinrichtungen. Theater, Kinos, Dreh-Sets sind für uns keine Freizeiteinrichtungen. Das sind Arbeitsplätze. Wir arbeiten dort, verdienen dort unseren Lebensunterhalten.

Die Person hat aufgelegt.
Nüsse. Oh wow! Nüsse hat sie auch noch dabei. In einer weiteren Tupperdose.

Ich pack das nicht mehr. Es dauert noch mindestens zwei Stunden, bis ich da bin. Und jetzt atme ich doch bestimmt schon seit einer Stunde einfach so alles ein, was die Person ausstößt.
Und was mich eigentlich am meisten aufregt, ist dieses sture Nicht-Mitmachen, sich nicht gemeinsam solidarisch an das halten, was uns alle als Personen schützt. Das will nicht in meinen Kopf. Wie können wir als Menschen so egoistisch sein? Das macht mich traurig. Wütend. Traurig. Beides abwechselnd. Warum können wir nicht einmal, einmal wirklich zusammenarbeiten. Das ist doch nicht so schwer.

Ich habe auch nicht alles verstanden, was hier passiert. Wer tut das schon.
Komisches Scheiß-Coronski-Virus.
Ich habe das noch nicht ganz verstanden mit wer schützt jetzt wen, wenn wer welche Maske aufhat. Und ich bin teilweise verzweifelt, weil mir keiner richtig erklären kann, was los ist.
Ein Anzugträger sagte ganz zu Beginn der Pandemie, in drei Monaten kennt jeder jemanden, der an Corona gestorben ist. Das macht mir Angst.
Andere Menschen sagen, das ist viel zu übertrieben formuliert.
Die AHA-Regeln wurden eingeführt.
Abstand halten, Hygiene einhalten, Alltag mit Maske.
Das ist doch nicht so schwer. Drei einfache Veränderungen in meinem Alltag und damit kann ich viele Menschen schützen.
Kann dazu beitragen, dass viele ihre Berufe behalten und weiter ausführen können.
In Zeiten wie diesen.
In solchen Zeiten müssen wir doch zusammenhalten.

Viele Freund*innen von mir haben seit Wochen keine Arbeit und auch demnächst keine Aussicht darauf.

Einige meiner befreundeten Familien liegen seit Wochen im Streit, weil Homeschooling und dieses ständige Aufeinanderhocken und Nichts-mehr-zusammen-Erleben die Beziehungen auf einen harten Prüfstand stellt.
Wir sind gesund, dafür sind wir dankbar. Sehr.
In Zeiten wie diesen.
Mir wird schwindlig. Wütend werden unter der Maske ist ganz schön anstrengend. Ich finde es ja eigentlich ganz toll, auch mal wütend zu sein, ich mag meine Wut. Aber diese neuen Wüte, die sind anstrengend. Die richten sich gegen nicht klar definierte Dinge, Situationen. Oft und vor allem gegen dieses blöde Scheißvirus, das ja nun wirklich gar kein konkreter Ansprechpartner ist und dem meine persönliche Wut auch komplett egal ist. Der fliegt halt in der Luft herum.

Es fühlt sich an, als wäre mein gesamter emotionaler Haushalt in einen Hochdruckmixer gesteckt worden und seit Lockdown 1 wird der herumgeschleudert und keiner drückt den AUS-Knopf.

Ich presse meine Maske immer fester auf meine Nasenflügel. Und weil ich immer wütender werde, nicht mehr nur auf die Weintrauben-Nuss-Person. Das Problem und die Wut sind ja viel größer, das Atmen unter dem Ding wird immer schwerer. Aber gleichzeitig fühle ich mich auch so sicher drunter. Ich fühle, dass das meine Chance ist, zu meinen Arbeiten zu reisen, einen kleinen Teil meines Alltags wiederzuhaben, etwas anders, aber immerhin. Und das ist schon so viel.
In Zeiten wie diesen.

Wieder klingelt das Handy.
Wieder geht die Person ran – nach wie vor ohne Maske.
Mir reicht's.

Laut schnaubend und stöhnend und möglichst giftig aus meinen Augen schauend stehe ich auf und packe sehr, sehr laut und mit überbordenden Gesten meine Habseligkeiten zusammen und stampfe mit voller Wucht und Wut aus dem Abteil.
Soll die doofe Weintrauben-Handy-Nuss-Person doch da allein hocken und alles anschnauben.

Aus Platzmangel und weil ja fast nur in Theatern und Kinos auf Abstände geachtet wird, weil im Flugzeug, im Zug und in der U-Bahn gibt es anscheinend irgendwo so ein stilles Einvernehmen, dass wir da nebeneinander gedrängt stehen, sitzen, sein können.
Aus Platzmangel also, weil mehr als die Hälfte der Platze im ICE besetzt ist.
Aus Mangel an genug Platz und Raum setzte ich mich vor die Toiletten.
Aber wenigstens bin ich allein und habe meine Ruhe.
In Zeiten wie diesen.
In diesen Zeiten bin ich oft allein.
In Zeiten wie diesen ist es gut geworden, allein zu sein.
Sicherer.
Ich bin so menschenscheu geworden. Das mag ich gar nicht.
Ich mag doch Menschen. Ich lerne gerne neue Menschen kennen, das muss ich ja ganz oft berufsbedingt und das sind oft so spannende, neue, herausfordernde Begegnungen.
Jetzt wird mir das schnell zu viel.
Und damit meine ich oft, wenn ich mehr als eine Person gleichzeitig kennenlerne.
Ich war seit Wochen nur zu zweit spazieren. Immer nur mit einem Gegenüber. Das waren sehr intensive, schöne Gespräche. Noch mal anders als früher.

Ich kann den Klogeruch riechen und damit nehme ich an, dass meine FFP4-Maske nicht mal richtig verschlussdicht ist, sonst dürfte ich das doch gar nicht riechen.
Es riecht bestialisch ekelhaft.
Mir wird schlecht.
Unter der Maske.
Schlecht, wütend, verzweifelt und traurig unter der Maske.
Aber sieht eh keiner. Die Hälfte meines Gesichtsausdrucks ist ja weg. Ich habe ja nur mehr meine Augen. Na ja, immerhin.
Sind viel. Meine Augen.
Augen können ganz schön viel sagen, ausdrücken, vermitteln.
Augen fallen grade sogar noch mehr auf, rücken mehr in den Mittelpunkt, weil sie zum Hauptkommunikationskörperteil geworden sind.
In Augen können wir viel lesen.
Trauer, Angst, Ekel, Wut, Schmerz, Liebe.
Ganz viel.

Der ICE hält an.
Die Toiletten sind verstopft und laufen bald über, deshalb dürfen wir nicht mehr weiterfahren.
Ich poltere mit meinem Gepäck hinaus auf das Bahngleis und warte im Maskenmeer mit den anderen Menschen auf einen Anschlusszug.
Kommt in zwei Stunden.
Na toll.
Jetzt habe ich Lust auf Weintrauben.

Inzwischen, nach fast zwei Jahren Pandemie, ist ja vieles anders und auch alles gleich.
Wir leben irgendwie immer noch „in Zeiten wie diesen".
Aber wir Künstler*innen wurden durchgebeutelt, geschüttelt und einige dann noch mal speziell gerührt. Die Theater haben

Maßnahmen entwickelt, die dazu führen, dass Theaterhäuser ein ziemlich sicherer Ort sind. Wir haben regierungskonform gehandelt.
Wir haben, glaube ich, auch gezeigt, dass wir sehr wohl systemrelevant und ich möchte sagen auch lebenswichtig sind. Theater und Kinos sind keine Freizeiteinrichtungen, sondern Arbeitsplätze. Ich glaube schon, dass das jetzt viele Menschen verstanden haben.
Ich bin auch froh, dass immer mehr Menschen mitmachen. Ich habe gelernt, nicht mehr so viel wütend zu sein auf die, die nicht mitmachen, sondern dankbar für alle, die helfen, dass es besser wird. Und davon gibt es viele.
Ich habe auch gelernt, mich besser mit den Weintrauben-Nuss-Personen auseinanderzusetzen und zu versuchen zu verstehen. Zu argumentieren, und vor allem zuzuhören!

Und ich lebe mehr im Heute.
Denn morgen kann ja eh schon wieder alles anders sein.
Dürfen wir spielen, ja oder nein?
Wenn ja, vor wie vielen Menschen?
Wenn ja, mit oder ohne Maske?
Wenn nein, wie lange denn nicht?
Keiner weiß es so genau.
Auch daran habe ich mich irgendwie gewöhnt.

Ich versuche zu verstehen, dass nach zwei Jahren in dieser Coronski-Scheiße die Stimme der Wirtschaft nach wie vor sehr viel lauter ist als die Stimme der Wissenschaft.
Aber ich kann darüber nicht mehr so wütend sein, ich möchte meine Wut woandershin kanalisieren, weil ich doch eigentlich Wut so was Schönes finde oder etwas, das sich auszuleben lohnt. Wut ist etwas, wofür ich mich nicht schämen möchte. Coronski hat dazu geführt, dass ich mich jetzt wieder öfter

für meine Wut-Emotionen schäme. Das ärgert mich, aber ich lass mir meine Wut nicht nehmen.
Auch nicht in Zeiten wie diesen.
Ich habe so viel Neues, auf das ich wütend bin und das ich nun, wo ich es kenne, ändern möchte.

Ich habe von Kolleg*innen gelernt, dass es in ganz Berlin nur eine Mitarbeiterin am Arbeitsamt gibt, die weiß, wie sie mit freischaffenden, sogenannten soloselbständigen Künstler*innen umgehen muss. Eine Person! Ein einziger Mensch.
Ich habe erfahren, dass sogenannte Gäste am Theater, also Schauspieler*innen, die nicht wie ich fest engagiert und damit Anspruch auf Kurzarbeitergeld hatten, sehr, sehr unterschiedlich von ihren Arbeitgeber*innen behandelt wurden, was Ausfallgagen betrifft.
Ich lerne, dass jeder sehr andere, ganz individuelle Ängste hat, wenn es zum Thema Coronski kommt, und es zwar unglaublich zeitaufwendig und emotional fordernd ist, sich damit zu befassen, aber nur so kann ich lernen, mit jedem Einzelnen umzugehen.
Ich merke, dass ich für gewisse Dinge mehr Zeit brauche als vorher. Dass mir einige Situationen mehr Angst machen als vorher und ich mit mir nicht so ungeduldig sein sollte, was mir immer noch schwerfällt.
Ich möchte mich manchmal nicht mehr so gerne bei Freund*innen melden, gar nicht weil ich die Menschen nicht mehr mag, aber weil es Tage gibt, an denen ich nichts mehr möchte, als auf meinem Wohnzimmerboden zu liegen, in die Luft zu schauen und Musik zu hören. Das habe ich vor Coronski nie gemacht. Aber vielleicht habe ich es auch vor Coronski nie gebraucht.

Jetzt brauch ich das.
Habe ich gemerkt.
Ich nehme mir vor, mehr im Jetzt zu leben. Weil morgen schon alles anders sein kann. Und so kitschig das klingt, weil das ja irgendwie schon immer so gewesen ist, aber für mich hat's diese verdammte Pandemie gebraucht, um das wirklich anzufangen zu leben.
Und sicher gibt es noch vieles, das ich noch gar nicht reflektiert habe und/oder an mir selbst beobachten konnte.
Denn jetzt ist es 2022 und wir sind immer noch:

in Zeiten wie diesen.

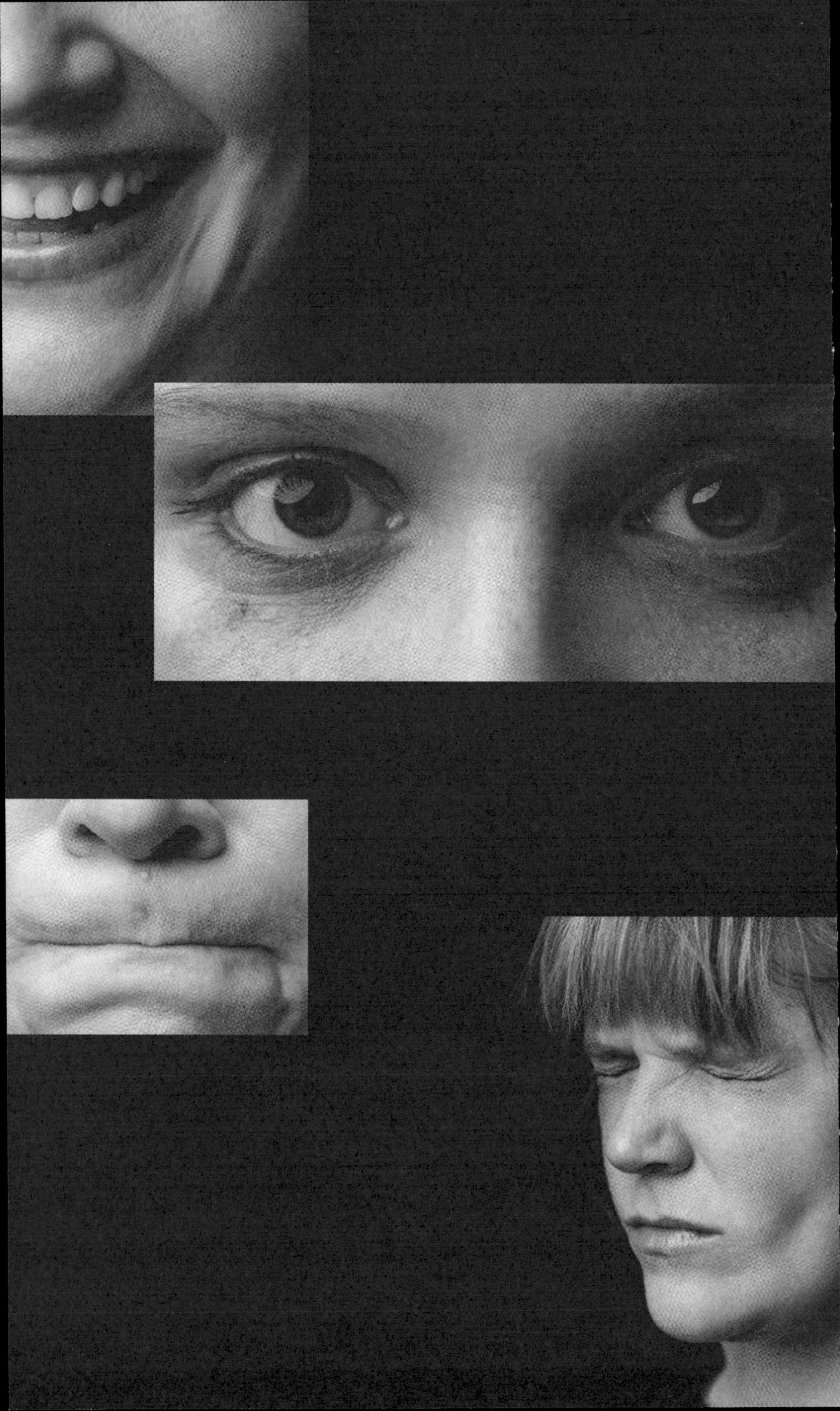

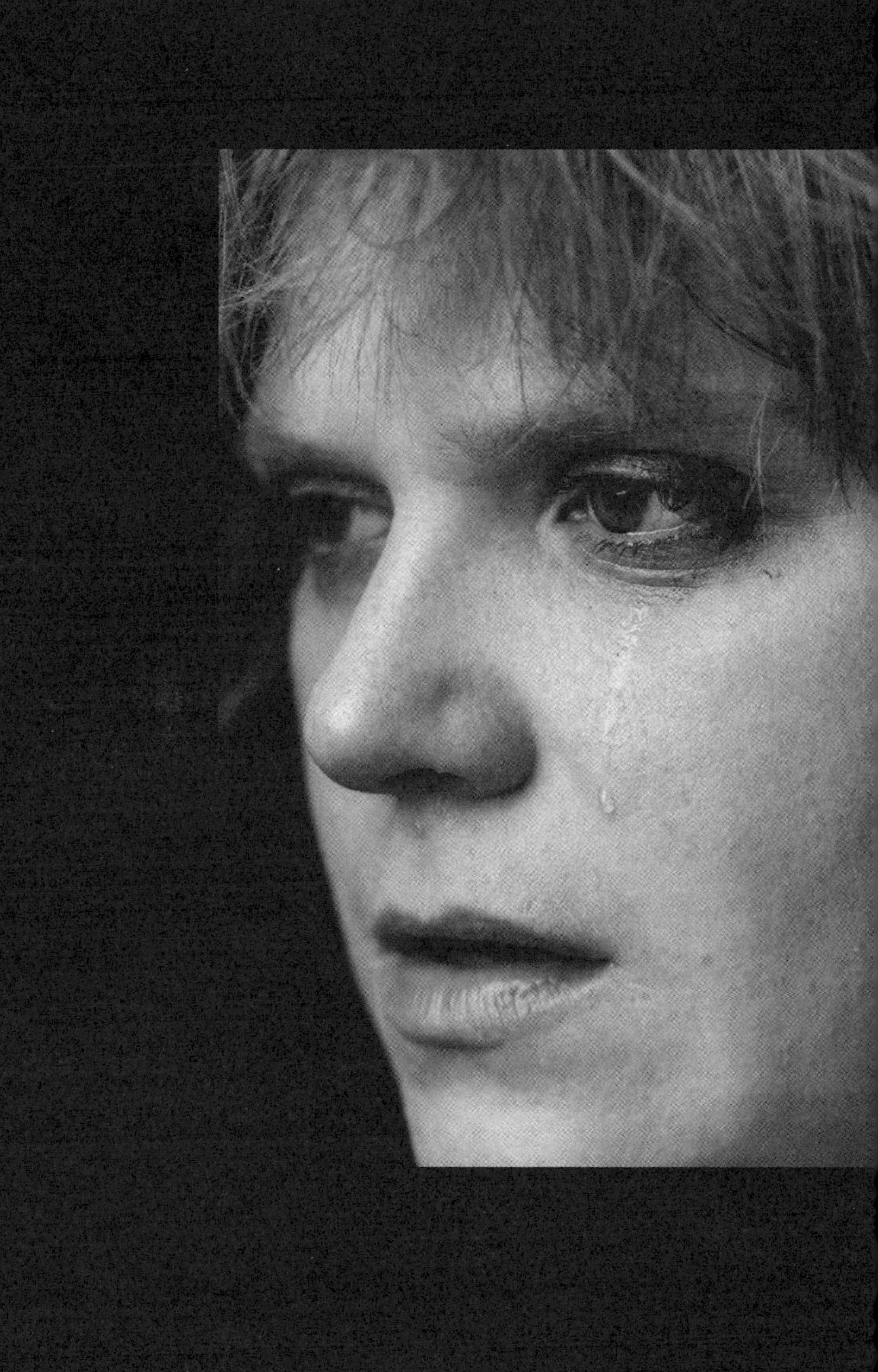

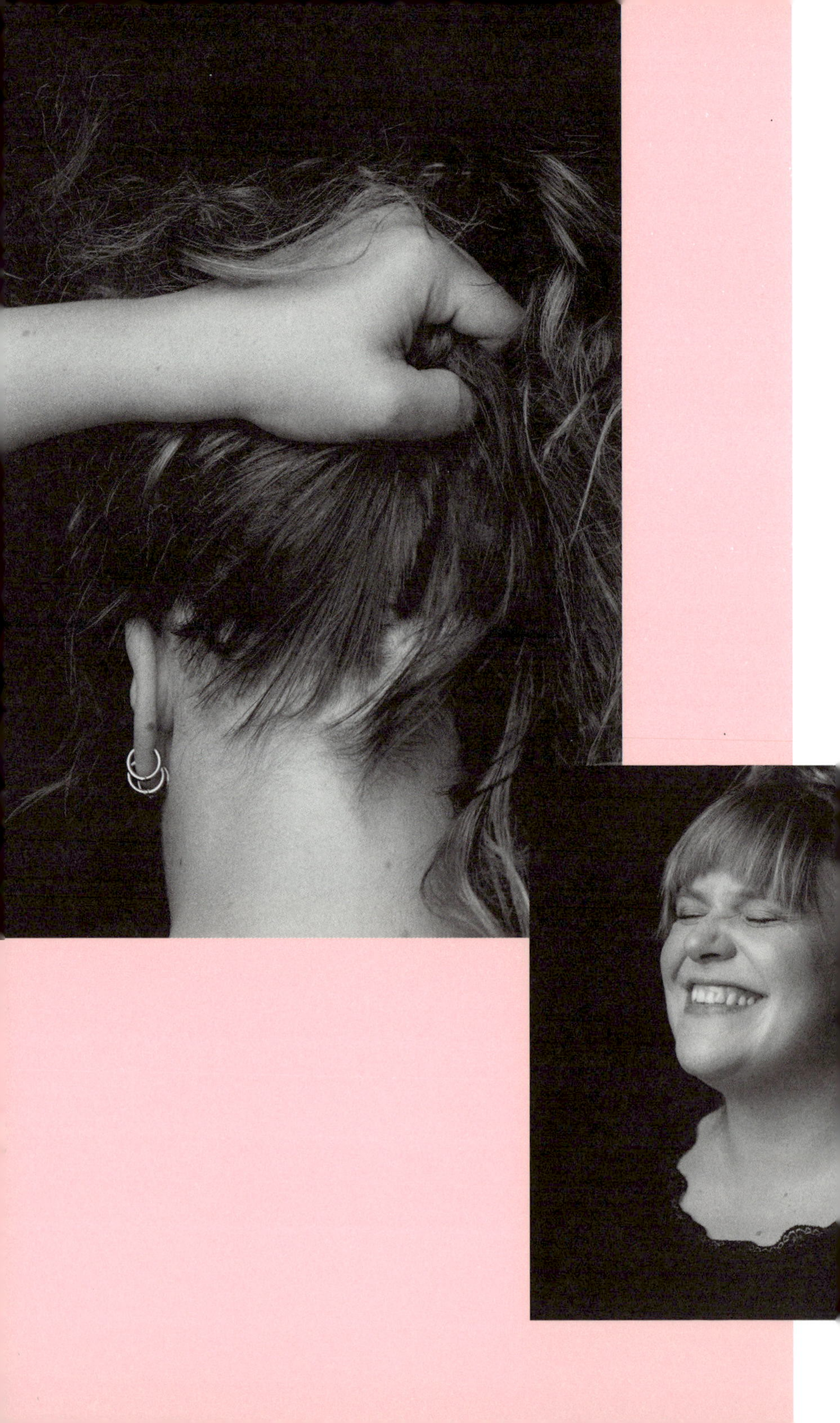

OSTER-SPAZIERGANG

Gerade habe ich gar nicht so ein Gefühl für Feiertage. Und vor allem das Osterfest stand bei mir jetzt eh noch nie ganz oben auf der Prioritätenliste. Aber ja, es ist das Osterwochenende und ich habe beschlossen, wieder mal joggen zu gehen. In der Stadt laufen find ich eh immer ziemlich semigeil, die depperten roten Ampeln, wo du dich immer entscheiden musst, ob du im Stand weiterläufst, während neben dir der rauchende Spaziergänger steht, oder ob du wie ein Karussellpferd deine Kreise um die Ampel ziehst, was, wenn ich morgens auf nüchternen Magen laufen gehe, oft zu Schwindelgefühlen schon nach nicht mal einem Kilometer führt. Aber nun gut, ich wage mich mal wieder hinaus. Ja, ich habe vergessen, dass Ostersonntag oder Ostersamstag ist, Tage verschwimmen ja irgendwie in diesen Lockdown-Zeiten. Mir ist schon klar, dass Kinder nur draußen spielen können und es sehr schwer und hart haben in dieser ganzen Zeit. Eh!

Aber ich kann auch nur Sachen im Freien unternehmen und Laufen gehört zu den Dingen, die ich seit Corona wirklich wieder sehr gerne mache und die mir heilig geworden sind. Me-Time und so.

Ist schwer geworden, sich seinen Raum im Freien zu nehmen. Vor allem alleinstehend.

Ich sitze supergerne mit einem guten Buch auf einer Bank und lese, und vor nicht allzu langer Zeit war mir das auch egal, wenn sich jemand neben mich gesetzt hat. Aber gerade geht das halt nicht mehr. Oder wenn, dann mit Abstand. Heißt, ich an einem Ende der Bank, die andere Person am anderen Ende.

Aber was tun, wenn sich ein Pärchen dazusetzen möchte? Oder eine erwachsene Person mit Kind? Drei sind einer zu viel auf dieser Bank und seit Längerem fällt mir auf, dass ich dann die bin, die zu gehen hat.

Wenn zwei Menschen mich fragen, ob sie sich nicht dazusetzen können, und ich zu erklären versuche, dass das grade nicht so „leiwand" ist, weil wir dann mehr oder weniger aufeinander sitzen. Dann habe ich jetzt oft erlebt, dass diese vier Augenpaare etwas mitleidig, vorwurfsvoll in meine zwei auf sich allein gestellten Augenpaare schauen und so ein seltsames, stilles Einvernehmen darüber herrscht, dass ich dann zu gehen habe. Kein Witz. Ist wirklich oft passiert. Das macht mich wütend.

Ich sitze das dann schon auch manchmal aus, aber es stresst mich, wenn da zwei fremde Leute neben mir sitzen und wir doch alle gerade Abstand halten sollen, aufeinander achten sollen und anderen generell nicht zu nahe kommen sollen, weil grad noch keiner weiß, was dieses Scheißvirus noch alles vor hat.

Ich beginn also meine Joggingrunde und laufe Richtung Park. Nicht ahnend, was sich mir da gleich für ein Augenschmaus bieten wird. Da alle allein zu Hause gefangen sind, müssen sich die Menschen auf draußen verteilen. Grad in Berlin gibt es nicht wahnsinnig viele Grünflächen und auch die

kindergerechten Parks sind eher rar. Somit haben ungefähr alle Eltern dieses Stadtteils beschlossen, ihre Kinder die Ostereier dieses Jahr im Park suchen zu lassen, und das gesamte Areal zur Osterhasenzone erklärt.
Beim Reinlaufen in den Park fühlt es sich an, als würde ich in ein lebendes Wimmelbild treten.
Überall bunt gekleidete Kinder, teilweise mit gebastelten Hasenohren am Kopf, manchmal mit komplett schokoladeverschmiertem Mund, weil das Nest schon gefunden wurde, und viele Kleinfamilien, gerne mit Skatern am Rand der Grünflächen und wunderbarer Osterlaune.

Am Anfang finde ich es noch okay, dass sich mein Weg heute wie eine Slalomroute anfühlt, denn der Osterhase hat natürlich alle Geschenke in den Grünflächen versteckt und somit müssen die Kinderwägen, die kleinen Roller, Dreiräder, Minifahrräder, Baby-Skateboards und Holland-Bikes der Mamas alle auf dem asphaltierten Fußgänger- und, ja, auch Joggingweg parken.

Nach drei Kilometern bemerke ich, wie es anfängt, mich extrem zu nerven. Abgesehen davon, dass auf Abstand sowieso keiner mehr achtet, nervt es mich, dass ich das Gefühl habe, wenn jemand ausweicht, dann nur ich, weil sich die Kleinfamilien samt Trophäen-Kindern und Oster-Geschenk-Eskalationen diesen Park jetzt zu eigen gemacht haben.

Ich bekomme einen dicken Kloß im Hals und mir wird ganz schwer ums Herz. Ich kann nicht genau sagen, was mich alles grade so traurig macht. Es kommt halt auch viel zusammen. Eigentlich hatten wir eine Geburtstagsüberraschung für meinen Papa geplant. Das haben wir natürlich abgesagt. Ich bin nirgends hingefahren und wir haben über Facetime gefrühstückt und ich habe ihm so gratuliert.

Ich wurschtle mich seit Beginn dieses Lockdowns allein durch dieses neue Labyrinth von vielen Unsicherheiten, offenen Fragen und neuen Ängsten. Ich bin eigentlich ganz gut damit, alleinstehend zu sein, aber natürlich wäre es schöner, nicht immer alles allein entscheiden und klären und vor allem erleben zu müssen.
An dieser Stelle auch wirklich an alle Alleinstehenden: Hut ab, wie ihr das gemacht habt. Darauf können wir auch mal kurz stolz sein.
Der Kloß wird größer. Unweigerlich hat diese Pandemie-Situation dieses ganze Partner-, Kinder-, Familien-Thema bei mir noch mal anders in den Fokus gerückt. Ich merke, dass sich Freunde mit Partner*innen gar nicht mehr oder viel weniger melden. Dass es Familien manchmal gar nicht bewusst ist, was es heißt, dass ihre Freund*innen vielleicht allein sind. Aber ich weiß auch, dass diese Zeit es natürlicherweise mit sich bringt, dass wir alle um uns allein kreisen.

Trotzdem werde ich langsam wütend, dass Freund*innen in Beziehungen immer sagen: Hey, meld dich doch einfach. Weißt doch, du kannst immer anrufen.
Weil ich gerne schreien würde: Ruft ihr doch an! Meldet ihr euch doch zuerst. Ich habe das Gefühl, ich störe euch in eurer Liebesbubble. Und ich würde euch gern einzeln und nicht immer im Doppelpack sehen. Als Individuum. Weil es mich manchmal so scheiße traurig macht, dass ich niemanden habe. Und es kostet mich grad so viel Überwindung anzurufen, zu sagen, ich kann nicht mehr, zu sagen: Ich habe Angst, ich würde gern einfach mal wieder in den Arm genommen werden. Also ruft doch einfach selbst mal an. Denkt doch mal ein bisschen mit.
Fragt nicht: Geht's dir gut? Das macht mich wahnsinnig. Das impliziert doch, dass es mir gut zu gehen hat. Dass gar nicht

unbedingt gehört werden möchte, dass es mir nicht gut geht. Hört auf mit der Frage: Geht's dir gut? Die Verantwortung abzugeben.
Und ich will kein Mitleid und kein Da-kommt-schon-mal-der-Richtige und keine Disney-Fantasie-Träume.
Vielleicht bin ich echt urokay damit, dass alles ist, wie es ist. Aber vielleicht haben wir auch gerade eine weltweite scheißverdammte Pandemie, die ab jetzt unser Leben bestimmt und dass ich mir manchmal vor dem Einschlafen so viele, dunkle Gedanken mache, und dann ist da nie jemand, der sie hört. Dem ich sie sagen kann.

Und ich weiß gleichzeitig auch, dass es scheiße schwer ist für euch Kleinfamilien mit Homeschooling und Die-Partner*-innen-jeden-Tag-sehen-und-nichts-mehr-zusammen-erleben-Können. Aber von meiner Seite des Gartenzauns bin ich manchmal so neidisch auf die Selbstverständlichkeit, die ihr habt. Die Nähe, die täglichen Berührungen, Umarmungen, die Gespräche. Allein musst du dir die immer suchen. Musst immer dafür arbeiten. Das kommt nicht von allein und automatisch durch die Arbeit oder zufällige Begegnungen. Weil gerade dieses Arschloch-Virus beschlossen hat, uns heimzusuchen.

Mir geht in der Debatte der alleinstehende Mensch wirklich verloren. Ja, das ist mühsam, das jetzt auch noch aufzumachen. Aber es macht öffentlich und deutlich, dass es diese Menschen gibt und dass es für die besonders hart ist! Ja, eh wie für uns alle. Es ist für alle gerade hart. Es ist eine verdammt harte Zeit.

Ich ziehe trotzdem weiter meine Runden, will ja mein Revier hier nicht aufgeben, auch wenn ich merke, dass ich als alleinstehende Ü30-Frau ohne Mann und Kind hier wahrscheinlich den Kürzeren ziehen werde.

Da kommt schon wieder dieser Kloß. Ich fühle mich so unemanzipiert und unfeministisch, wenn ich merke, wie meine Sehnsucht so groß wird, das auch zu haben. Ich weiß rational, es ist Schwachsinn. Aber nach wie vor fehlt es an Role Models, die uns zeigen, wie es gehen könnte. Dass es als Frau auch okay ist, kein Kind zu haben. Dass keine Kinder zu haben oder keine eigene Familie zu haben nicht ein Kompromiss sein muss, weil wir uns für die Karriere oder gegen etwas entschieden haben. Sondern weil es Frauen gibt, die das wirklich nicht wollen.
Fehlende Mutterschaft muss ja nicht für jede Frau etwas Schlimmes bedeuten. Genauso wenig, wie es ihr die Weiblichkeit, die Fruchtbarkeit absprechen sollte. Ich hoffe, dass die Debatte noch größer und vor allem öffentlicher geführt wird, dass es wirklich in Ordnung ist, keine Kinder zu haben, da glaub ich auch dran. Aber ich bin zugleich überzeugt, dass es noch Jahre brauchen wird, bis es nicht nur eine Debatte, sondern ein gesellschaftlich anerkannter Fakt ist.

Viele Frauen sind inzwischen gut mit dem Thema, werden aber immer wieder damit konfrontiert. Ab einem gewissen Alter mehren sich die Fragen, warum da noch nichts ist, ob da nichts geplant ist, wann denn damit gerechnet werden könne, und ich denke mir immer: Was zur Hölle geht euch das erstens an, und zweitens, wenn gesagt wird, dass da erst mal gar nix geplant ist, die erste Reaktion oft Enttäuschung oder noch schlimmer Mitleid ist.
Die Kinderfrage per se empfinde ich aber auch oft nicht nur als eine konkrete Frage nach Kindern, sondern eine komplette Lebensfrage. Abgesehen davon, dass nicht jede Frau Kinder bekommen möchte, kann auch nicht jede Frau Kinder bekommen. Sei es aus gesundheitlichen Gründen, aufgrund finanzieller Schwierigkeiten oder eben der fehlenden Partnerschaft. Also überlegt mal bitte, bevor ihr diese

Frage stellt, was damit einhergeht, wenn ihr das einer Person entgegenschmettert!

Ich weiß im Moment gar nicht genau, was ich will. Ich bin glücklich, wie ich mein Leben führen kann, und bin mir bewusst, dass das mit einer eigenen Familie ganz anders wäre. Und manchmal wünsche ich mir, dass ich mich anders entscheiden müsste, weil ich Kinder habe.
Ich lasse mir dieses Thema trotzdem nicht wegnehmen. Aber dennoch würde ich mir wünschen, dass das Ausbleiben der Mutterschaft auch positiv gesehen wird, dass das wieder neue, andere Möglichkeiten eröffnet.
Mir fällt dazu unweigerlich immer Jennifer Aniston ein, für mich das berühmteste Beispiel dafür, wie Medien immer wieder rumstochern und ihr das Fehlen des Mutterseins als größtes Unglück zuschreiben. Keine Ahnung, vielleicht ist es auch so, aber kann mal geschaut werden, was diese Frau noch alles geschafft, aufgebaut und entwickelt hat? Kann sich da die Berichterstattung bitte mal ändern?
„I'll be there for you". Jetzt weiß ich auch, warum ich ausgerechnet auf Jennifer Aniston komme. Weil meine Jogging-Playlist gerade eben dieses Lied dieser berühmten Sitcom abgespielt hat, die ich, wie – glaube ich – viele andere während des Lockdowns einmal komplett durchgeschaut habe.
Ich biege um die Kurve auf einen eigentlich sehr breiten asphaltierten Fußgängerweg des Parks und werde mit vier Doppel-Kinderwägen nebeneinander konfrontiert. Weder seitwärts noch durch die Mitte gibt es ein Vorbeikommen. An den Seiten des Weges wird aufgeregt nach Ostereiern gefahndet und alle Smartphones sind natürlich auf die Kinder gerichtet, damit danach Instagram und den anderen Mamas in der Krabbelgruppe stolz gezeigt werden kann, wie einzigartig das eigene Kind den Osterhasen überlistet hat.

Keiner denkt daran, irgendwas von seinen Gerätschaften auf der Mitte des Weges wegzuräumen, und so bin ich gezwungen, stehen zu bleiben und mir umständlich kletternderweise einen Weg zu bahnen.
Da alles so zugestellt ist, dass ich gar keine Chance habe vorbeizukommen, ohne etwas anzufassen, und weder mein lautes Räuspern noch sehr vehementes Schnauben das Interesse der Kleinfamilie mit Trophäen-Kindern wecken konnte, räume ich die Kinderwageninstallation auch etwas wütender zur Seite, als ich es eigentlich vorgehabt hatte.

Ich muss genau in diesem Moment daran denken, wie ich mit meiner besten Freundin aus Kindertagen Familienplanung betrieben hatte. Wir hatten uns zum Ziel gesetzt, eine Fußballmannschaft zur Welt zu bringen. Mein Papa ist Fußballtrainer und sie und ich hatten schon immer große Faszination für diesen Sport und vor allem die ausführenden Spieler. Die ersten Schmetterlinge im Bauch flogen in dieser Zeit öfters dem Torwart aus Papas Mannschaft zu. Der erste zaghafte, holprige Kuss fand im Geräteschuppen der Fußballmannschaft statt und die ersten Liebesschwüre wurden per sauteurem Wertkartenhandy-SMS verschickt, während sich der Angebetete im Trainingslager befand.
Jedenfalls war das so eine Idee, eine eigene kleine Fußballmannschaft zu bekommen. Und ich kann mich erinnern, dass wir dieses Vorhaben sehr ernst genommen haben und sogar jede elf Post-its mit Namensentwürfen erstellt hat, weil bei elf verschiedenen Kindern musste schon der Überblick behalten werden, wer wie genannt wird. Interessanterweise kann ich mich nicht erinnern, wen wir uns dazu als Partner vorgestellt haben. Irgendwie ging es weniger um den Partner als vielmehr ums Kinderkriegen. Und das schon sehr jung. Du bekommst ja auch, vor allem als Mädchen, ziemlich schnell

eine Puppe, einen Kinderwagen, eine Küche geschenkt und dazu noch ein Puppenhaus, was alles anregen soll, deine häuslichen, weiblichen Möglichkeiten, ich möchte fast sagen, Pflichten schon früh genug zu trainieren und dem Gegenüber zeitnah schon anbieten zu können. Ist doch absurd? Zum Glück ändert sich das bereits. Endlich wird darauf geachtet, dass es nicht nur genderspezifische Spielzeuge und Geschenke oder gar Farben gibt. Aber ich komme noch aus der Mädchen-rosa-Jungs-blau-Generation und das merke ich dann doch immer wieder.

Ich kann ehrlich sagen, dass es im Moment nicht mein größtes Unglück ist, dass ich keine eigene Familie habe, und trotzdem kann ich mir das irgendwann wünschen. Oder halt auch eben nicht. Aber ich möchte das Thema Mutterschaft und/oder Familie auch größer und weiter denken. Ich würde mir wünschen, dass es gesellschaftlich viel mehr angesehen und wirklich, wahrhaft akzeptiert wird, dass Frauen auch allein ihre Kinder großziehen können. Oder gemeinsam mit anderen Menschen, die vielleicht nicht unbedingt die Lebenspartner*innen sind.
Ich wünsche mir, dass eine alleinstehende Frau andere, einfachere Möglichkeiten bekommt, für sich eine kleine Familie zu planen. Dass es nicht nur Vater-Mutter-Kind gibt, sondern auch andere Formate, Entwürfe und Möglichkeiten, eine Familie zu gründen und Kindern ein Zuhause zu geben.

In dem Augenblick, in dem ich den 4.000 Euro teuren Kinderwagen anfasse und zur Seite schiebe, blickt sich wie auf Stichwort die ganze Meute auf einmal zu der schwitzenden, hitzköpfigen Frau um. Mein Corona-Pony, der so lang ist, dass er fast auch schon als Mund-und-Nasen-Schutz durchgehen würde, klebt mir exzentrisch im Gesicht, weil ich von null auf hundert abrupt den Lauf abbrechen musste, habe ich mehr Schnappatmung als üblich, und sowohl unter meinen Achseln als auch um den Hals haben sich sehenswerte Schweißflecken angesammelt.

Kleinfamilien-Oberhaupt blickt also etwas panisch um sich, als bemerkt wird, dass der Kinderwagen im Wert eines Kleinwagens von einer überdurchschnittlich großen, sehr außer sich aussehenden Frau bewegt wird.
„Könnten Sie das bitte lassen!"
Fragt? Bittet? Insistiert? Er?

Ich weiß es nicht. Ich bin in dem Moment so unfassbar wütend, traurig, sauer, schlapp, müde, wütend, erniedrigt, erschöpft, unsicher, wütend, geladen.
Wütend auf diese fotoalbumtauglichen Kleinfamilien, wütend auf mich, dass mich das wütend macht, wütend über die falschen Entscheidungen, die ich schon alle getroffen habe, die mein Privatleben betreffen, wütend darüber, dass ich doch eigentlich stark genug sein möchte, dass mich das alles nicht wütend macht.
Alles in allem angreifbar, dass ich tatsächlich nur mehr und, ja, sehr laut, sehr wütend, möchte schon fast sagen, furienhaft rausschnauze: „Könnten Sie einfach Ihre Fresse halten."

Na toll. Das hat's jetzt gebracht.
Tut mir im nächsten Moment schon wieder so leid, dass ich am liebsten zurückjoggen und den Kindern ein Eis kaufen will. Aber mach ich nicht.
Mach ich einfach nicht.

MUTTER

ER

SCHAFFT

MUTTERSCHAFT

ERSCHAFFT

ER

MUTTERSCHAFT

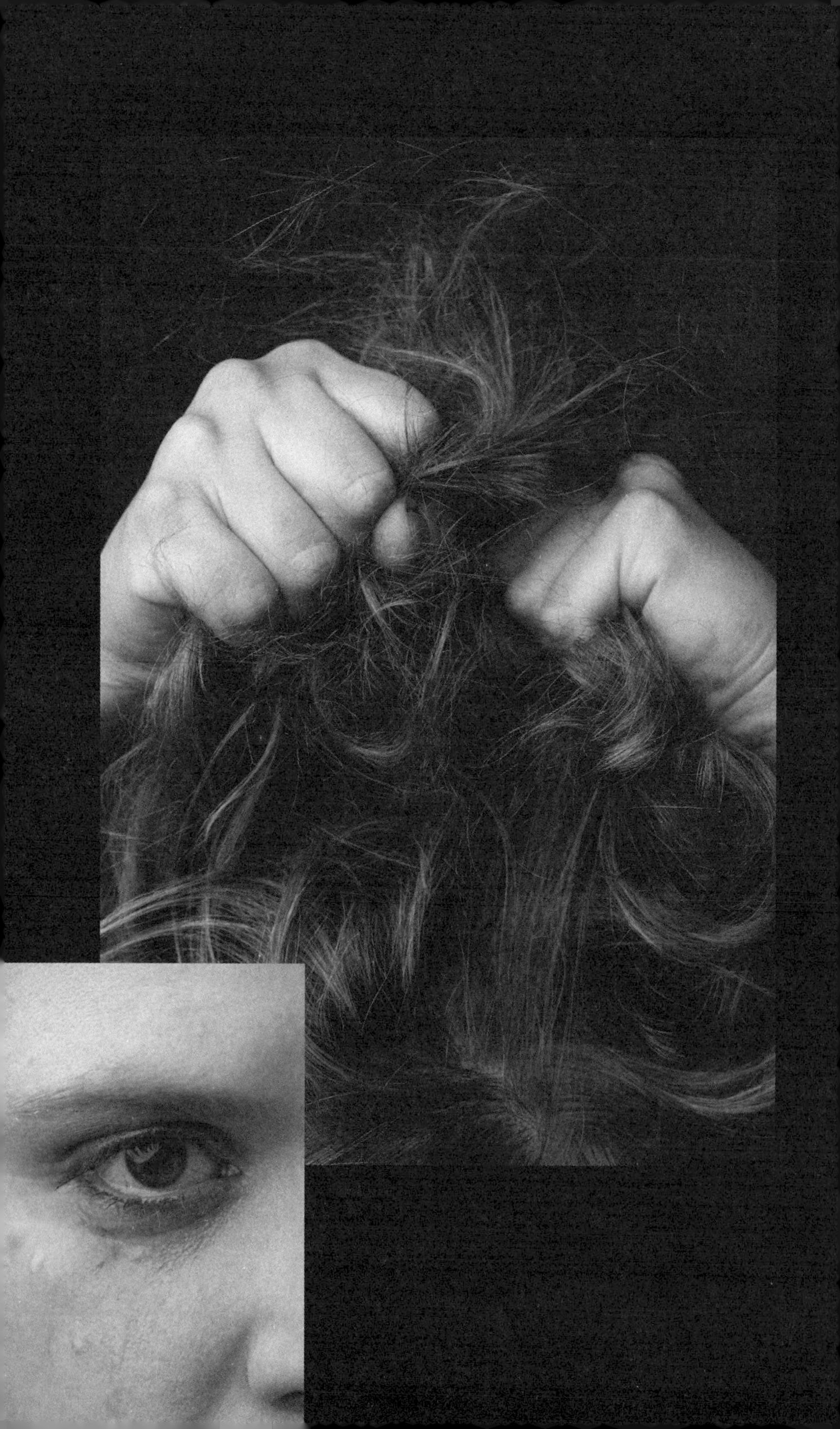

SARAH EVERARD

An diesem Abend ist in England eine 33-jährige Frau verschwunden, Sarah Everard, und dann tot aufgefunden worden. Noch wird viel spekuliert, gemutmaßt, wie es zu ihrem Tod kam. Eine Art der Berichterstattung hat mich allerdings besonders zornig gemacht. Es zeigt die Frau auf einer Überwachungskamera, ganz kurz bevor sie umgebracht wurde, und eine Überschrift war sinngemäß: Wer sich so anzieht, schreit doch überhaupt nicht nach Aufmerksamkeit.

Da habe ich mich wieder mal gefragt, was zur Hölle kaputt ist mit der Menschheit. Und anscheinend müssen wir immer und immer wieder betonen, dass, selbst wenn Frauen in Unterwäsche, in einem Ballkleid oder nackt auf die Straße gehen, das keine Einladung zu einem Gespräch oder einem Flirt ist – sondern wir das verdammt noch mal einfach nur für uns tun.

Gleichzeitig habe ich verärgert über mich selbst festgestellt, wie selbstverständlich es für mich als Frau ist, Vorsichtsmaßnahmen zu treffen, wenn ich, besonders im Dunkeln, allein unterwegs bin. Von klein auf wurde mir gesagt, aufzupassen, wenn ich nachts auf der Straße bin und ein Mann hinter mir geht. Von klein auf wurde mir gesagt, dass ich, falls ich allein in dem U-Bahn-Waggon sitze und eine Gruppe Männer einsteigt, das Abteil wechseln soll. Als ich und die Zeit reif waren, auch mal abends wegzugehen, in eine Bar oder gar einen Club, wurden die Warnungen noch mehr. Natürlich nicht die beste Freundin allein in der Bar lassen, auch wenn du schon nach Hause gehen willst. Ihr kommt zusammen, ihr geht zusammen.
Nimm kein Getränk von Fremden an, du weißt nicht, was dir der hineingemischt haben könnte. Wenn du am Nachhauseweg bist, hab immer deinen Hauschlüssel und dein Handy in der Hand. Den Schlüssel zur Verteidigung, das Handy griffbereit für den Notfallanruf. Es ist bis heute selbstverständlich, dass es als gefährlich gilt, als Frau allein bei Dämmerung joggen zu gehen.

Ich habe diese Warnungen als Kind und Jugendliche natürlich nicht hinterfragt. Das waren die Grundregeln, damit ich mich als Frau überhaupt nachts allein draußen bewegen durfte. Ich frage mich nur wirklich, ob jungen Männern auch Folgendes mitgegeben wird: Wenn eine Frau nachts vor dir geht, gib doch deine Kapuze runter und geh nicht direkt hinter ihr, sondern schräg daneben. Wenn die ganze U-Bahn leer ist, setz dich vielleicht nicht direkt gegenüber von der einen Person, die da drinnen sitzt, sondern gebt euch beiden genug Raum.

Ich könnte ewig weitermachen.
Aber da fängt es doch an.

Im Jahr 2019 gab es in Deutschland fast 10.000 Frauen, die Opfer einer Vergewaltigung und/oder sexueller Nötigung wurden.
Ich muss meine Wortwahl korrigieren.
10.000 Männer haben Frauen vergewaltig und/oder sexuell genötigt.
Das ist die richtige Beschreibung. Wir müssen das Subjekt ändern!

Wir sprechen darüber, wie viele Mädchen auf Schulhöfen oder schon in Kindergärten gemobbt und gedemütigt werden. Wir müssen darüber sprechen, wie viele Mädchen und Jungen (es sind beide!) andere Kinder ausgrenzen und belästigen.
Wir sprechen darüber, wie viele jugendliche Mädchen schwanger werden.
Aber wir müssen darüber sprechen, wie viele junge Männer junge Frauen schwängern!

In der Art, wie darüber berichtet und gesprochen wird, verschieben wir den Fokus von den Männern auf die Frauen. Wir haben uns anzupassen und unser Verhalten zu ändern, weil Männer nun mal so sind. Abgesehen davon, dass natürlich nicht alle Männer so sind, fordere ich, mal damit anzufangen, dass die Herren der Schöpfung ihr Verhalten ändern und sich uns Frauen anpassen. Männer müssen anfangen, sich ihrer Privilegien, die sie ausschließlich aufgrund ihres Geschlechts haben, bewusst zu werden.

Männer müssen endlich beginnen zu verstehen, dass jede, wirklich jede Frau mindestens einmal in ihrem Leben eine Art von Übergriff, Belästigung und Angst verspürt hat, weil sie sich im Gegenüber mit Männern kleiner, machtloser, schwächer und unterlegener gefühlt hat.

Mit ungefähr vierzehn, ich war gerade am Gymnasium und es war diese wichtige Phase der Entkoppelung von zu Hause, in der Freundinnen auf einmal wichtiger werden als die Familie. Die ersten Dinge, die wir Mädchen allein gemacht haben, ohne einem Elternteil Bescheid zu geben. Die Zeit des Aufbruchs, des Aufbegehrens und des Fehlermachens. Wir hatten öfter Freistunden in diesem Schuljahr, um unseren ersten Kaffee im Kaffeehaus zu bestellen. Ich erinnere mich genau, dass ich immer eher Milch mit Kaffee als umgekehrt getrunken habe und mich gefragt habe, warum um alles in der Welt meine Eltern morgens keinen Satz rausbringen, bevor sie dieses Gesöff gekippt haben.

Jetzt mit 34 sehe ich mich mit einem Kaffee-Konsum von bis zu 1,5 Liter am Tag konfrontiert. Und zwar immer schwarz, ohne Mich und Zucker. Das richtig harte Zeug eben.
Aber ich war jung. Erfahrungen wollten gesammelt werden. Am liebsten sind wir in dieser Freistunde zu Libro und haben die neuesten Diddl-Blöcke angesehen und miteinander verglichen. Das war damals das Thema schlechthin: diese kleine Maus, die in unterschiedlichsten Situationen gezeichnet wurde. Es gab die Blöcke in so vielen verschiedenen Größen und Ausstattungen. Die waren in meiner Erinnerung wirklich teuer, und wenn ich dann mal einen hatte, dann war mir dieser Block viel zu kostbar, um darin zu schreiben.
Ich glaube, bis heute sind auf dem Dachboden meiner Eltern mindestens zwei Schuhkartons mit unbenutzten Diddl-Blöcken. Hebe ich mir auf für schlechte Zeiten, haben bestimmt jetzt Sammlerwert.

Also jedenfalls war das unser Freistunden-Hobby.
Während des Unterrichts wurden dann diese Blätter getauscht, Ziel war natürlich, so viele unterschiedliche Motive

zu haben wie möglich und so viele gefragte und vergriffene Diddl-Block-Blätter, wie irgendwie ging, dadurch war das eigene Sammelbuch sehr hoch im Kurs.

Ich habe in meinem Leben noch nie etwas gestohlen. Ich kann nicht mal ohne Fahrkarte auch nur eine Station fahren. Ich bin ein Mensch, der immer ein Jahresabo für die öffentlichen Verkehrsmittel hat, und wenn der Schaffner kommt, bekomme ich einen Schweißausbruch, obwohl ich das Ticket doch bei mir habe. Leute, die mit mir fahren und sich kein Ticket kaufen, werden so gut wie immer, immer erwischt. Ich bringe kein Glück. Sag ich auch immer.

Ich spiele so viel lieber, als dass ich in diesem seltsamen Leben stehe. Auf der Bühne und in meinen Rollen bin ich um so vieles mutiger, stärker und abenteuerlustiger als privat. Deshalb ist, glaube ich, jeder Charakter, den ich spielen darf, ein kleines, großes Vorbild für mich. Die sind einfach alle cooler als ich.

Wie auch immer. Es gab dann diese eine Freistunde. Im einzigen Libro der kleinen Stadt, in der mein Gymnasium war, haben wir uns also rumgetrieben und verschiedenfarbige Fineliner, Eddings und Textmarker angeschaut und eben auch Diddl-Blöcke. Mein Taschengeld für diesen Monat war schon aufgebraucht, aber gleichzeitig hatte mein Sammelband auch nicht mehr wirklich viel Neues zu bieten und ich drohte, in der Beliebtheitsskala wieder abzurutschen.

Ich sehe mich noch so genau dastehen. Vor diesen vielen, vielen verschiedenen Diddl-Blöcken. Und dann gab es dieses eine Motiv. Oh, das war so schön. Ich werde das nie vergessen. Es war ein besonders tolles Motiv, vor allem, weil neben

der Diddl-Maus auch noch der kleine Bär drauf war. Also doppelt so kostbar.
Sie lagen am unteren Bildrand zusammengekuschelt zwischen Decken und Kissen. Und auf einem riesigen Polster hielt der Bär die kleine Diddl-Maus fest in seinem Arm. Das Besondere war, dass das Motiv im Verhältnis zu dem A4-Block wirklich groß war und sich über gut ein Viertel der Seite zog. Ich meine – schreiben wollte ich ja sowieso nicht auf den Blöcken. Aber so ein Blatt, nur ein einziges Blatt von diesem Block zu besitzen, das wäre einfach alles. Vor allem das A4-Format dieser Diddl-Blöcke war unglaublich teuer. Zu teuer. Aber ich kannte keinen in der eigenen Klasse oder in der Nebenklasse, der dieses Motiv gehabt hätte. Ich musste es einfach haben.

Es ging alles schnell, innerhalb von wenigen Sekunden. Ich weiß nicht, was mich geritten hat. Aber in Windeseile war das eine Diddl-Block-A4-Blatt in der Brusttasche meiner Jeans-Latzhose verschwunden. Ein Blatt Papier. Schwups und weg war es. Und schwups war ich draußen aus dem Laden. Ich erinnere mich noch genau, wie schnell mein Herz gepocht hat, als ich durch die automatische Schiebe-Eingangs-Ausgangstür gegangen bin und panisch vor Furcht war, dass gleich etwas piepst und ein Security-Mann kommt und mich nach hinten in ein kahles, gruseliges Büro schleppt, mich verhört, zur Rede stellt und ich meine Eltern anrufen muss und einen Eintrag im Polizeiregister bekomme, weil ich ein A4-Blatt gestohlen habe. Wie dieser Eintrag meine gesamte Berufslaufbahn auf den Kopf stellt, ich in ein Heim für schwer erziehbare, nicht belehrbare Mädchen muss, die die Gesellschaft enttäuscht haben und Besserung geloben müssen.
Aber nichts ist passiert.
Noch nicht.

Völlig aufgekratzt von diesem bis heute einzigen illegalen Tun meinerseits traten wir den Rückweg zur Schule an. Weil wir schon etwas spät dran waren, haben wir den Schleichweg genommen. Den Weg nicht an der Hauptstraße, wo ständig Autos fahren und Passanten vorbeikommen. Den Weg, den wir eigentlich nicht nehmen sollten, wenn nicht zwingend notwendig. Weil an diesem Weg Gefahren lauern können. Aber diese Warnungen haben wir nicht ernst genommen. Es war helllichter Tag und wir waren eine Gruppe von Mädchen, mit Vollmilch und einem kleinen Schuss Kaffee intus auf dem Weg zu ihrem Nachmittagsunterricht. Beladen mit Stickern, Filzstiften und Malbüchern und einem A4-Diddl-Block-Blatt in einer Jeans-Latzhose versteckt, weil es illegal erworben wurde.

Der Schleichweg war nicht lang, ein paar hundert Meter, und auf halber Strecke gab es eine kleine Holzbank. Von dieser wussten wir. Wir wussten auch, dass da öfter die Gruppe der coolen Burschen abhing. Eine variierende Gruppe der Schulbeherrscher, alles Jungs. Mit zu großen Hosen, die ihre in Snoopy-Boxershorts gehüllten Hinterteile freilegten. Mit großen und lauten Attitüden und der Aura, dass ihnen schon von klein auf die Welt gehört und sie diese Schule beherrschen und alles, was in und um sie herum passiert.

Ein seltsamer kleiner Teil im Inneren von meinem damaligen Ich wollte da auch immer irgendwie dazugehören. Aber wenn Mädchen dieser Gruppe beiwohnten, wirkten sie eher wie Dekoration. Die erlesenen, schönen, die die männliche Dominanz mit ihren wallenden Haaren und glitzernden Zahnspangen ergänzten.
An diesem Nachmittag waren da nur Burschen.
Unsere kleine Mädchengruppe kommt an der Bank vorbei,

es sind nur mehr ein paar Meter bis zum Schulhof. Aber da war diese Bank, da stand ein ziemlich großer Baum und der Blick zum Schulhof war von diesem Naturwunderwerk versperrt. Der Schleichweg und was auf ihm passiert, war also vom Schulhof nicht einsichtig und auch nicht von der Hauptstraße, von der er abwich. Deshalb wurde uns Mädchen auch immer abgeraten, diesen zu nehmen.

Die Burschen hielten uns an beziehungsweise grüßten uns und wollten wissen, was wir in der Freistunde gemacht hatten. Eine seltsame Art von kurzem Stolz kam über mich, dass diese imposanten Burschen mit Snoopy-Boxershorts mit uns sprachen und wissen wollten, was wir taten. Gutgläubig wie wir waren, standen wir Rede und Antwort, bis plötzlich alle auf einmal von der Bank aufstanden, und blitzartig änderte sich die Stimmung.
Eine von uns wurde an den Baum gedrängt und bedrängt. Ihr wurden Stifte und Malheft entweder auf den Boden geleert und ihr wurden Haare aus dem Gesicht gestreift. Einer hielt meinen Arm fest und wollte wissen, was ich denn gekauft hatte. Panisch, weil ich doch das gestohlene Diddl-Block-Blatt in der Bauchtasche meiner Jeans-Latzhose hatte, stotterte ich nur, dass ich nichts gekauft hätte, sondern nur so mit war. Ich zerrte und ruckelte an meinem Arm, ich wollte losgelassen werden. Wir waren schon spät dran und würden den Unterricht nicht mehr rechtzeitig schaffen. Und wenn ich dann noch eine Fehlstunde hätte, wäre das Seminar für unbelehrbare, schwer erziehbare Mädchen wirklich nicht mehr in allzu weiter Ferne.
Aber wir wurden nicht losgelassen. Es schien den Snoopy-Boxershorts Spaß zu machen, uns Angst zu machen. Unsere ganze Libro-Ausbeute lag inzwischen auf dem Boden und die ersten Tränen flossen, meine Nase fing an zu laufen, obwohl

ich keinen Schnupfen hatte. Meine Augen taten weh, weil ich sie vor lauter Panik nur mehr aufgerissen hatte und nicht wagte, auch nur zu blinzeln.
Und dann nahm einer der Jungen sein Feuerzeug, das er schon die ganze Zeit in der Hand hatte, und hielt es mir ganz, ganz, ganz nah an mein Auge. Es brannte wie Hölle, es war so heiß und ein beißender, stechender Geruch schlich sich in meine Nase. Ich dachte, ich muss mich auf der Stelle übergeben. Mein Handgelenk brannte, weil es immer noch nicht losgelassen wurde, und dieser überlebensgroße Snoopy fuchtelte mit seinem Feuerzeug an meinen Wimpern herum und verbrannte eine nach der anderen.
Ich war stocksteif vor Schock und konnte nicht schreien, sondern nur mehr weinen. Ich weiß nicht mehr, was um mich herum passierte oder wie lange dieser ganze Vorgang gedauert hat. Irgendwann ließen sie von uns ab und wir rannten um unser Leben dem Schulhof entgegen. Völlig verstört und viel zu spät kamen wir in den Unterricht gepurzelt.
Keine von uns wagte die andere anzusehen und doch weiß ich, dass uns allen nur eine Frage im Kopf herumschwirrte: Was machen wir jetzt?

Die ohnehin schon angebrochene Unterrichtsstunde schien nicht enden zu wollen und als endlich, endlich die Glocke ertönte, ließen wir uns sehr, sehr lange Zeit, unsere Sachen einzupacken. Alle mit den Blicken auf den Boden gesenkt, keine wagte es, die andere anzusprechen oder zuerst anzusehen, und dennoch bestand ein stillschweigendes Einvernehmen, dass wir so lange und so langsam zusammenpacken würden, dass wir die Letzten im Raum sein könnten, um endlich zu sprechen.

Als sich der Klassenraum doch irgendwann geleert hatte und nur mehr wir übrig waren, rotteten wir uns in der Mitte zusammen. Ein paar fingen sofort wieder an zu weinen, völlig verwirrt von dem, was gerade passiert war, und aus Angst, die großen Snoopys vielleicht wieder am Gang zu treffen oder, noch schlimmer und gruseliger: im Fahrradkeller der Schule, der so riesig und schlecht beleuchtet und immer schon unheimlich war.

Ich hab Angst, dass die das noch mal machen.
Ich hab Angst, dass sie noch was Schlimmeres machen.
Ich hab Angst, dass sie sauer werden, wenn wir es unseren Eltern erzählen.
Ich hab Angst, dass sie im Fahrradkeller warten.
Ich hab Angst, dass sie erzählen, wir sind Feiglinge.
Ich hab Angst, dass alle Jungs so sind.
Ich hab Angst, dass meine Wimpern und Augenbrauen nicht mehr nachwachsen.
Ich hab Angst, es meinen Eltern zu erzählen, weil sie dann wissen, dass wir doch den verbotenen Schleichweg nehmen.
Ich hab Angst, dass unsere Eltern es unseren Lehrer*innen erzählen und wir dann die Petzen sind.
Ich hab Angst, dass, wenn wir es allen erzählen, die Snoopys noch böser werden.
Ich hab Angst, nach Hause zu gehen.
Ich hab Angst, morgen wieder in die Schule zu gehen.
Ich hab Angst, dass ich jetzt immer Angst haben werde.

Ich habe es meinen Eltern erzählt.
Dann musste ich es den anderen Eltern erzählen.
Dann mussten die anderen Mädchen es meinen Eltern erzählen.
Dann haben unsere Eltern es unseren Lehrer*innen erzählt.

Dann musste jede von uns es unseren Lehrer*innen erzählen.
Dann mussten wir es zusammen unseren Lehrer*innen erzählen.
Unsere Lehrer*innen haben es unserem Direktor erzählt.
Dann mussten unsere Eltern es unserem Direktor erzählen.
Dann musste jede von uns es dem Direktor erzählen.
Dann mussten wir es alle zusammen unserem Direktor erzählen.
Dann hat der Direktor mit den Eltern gesprochen.
Der Direktor hat mit den Lehrer*innen gesprochen.
Und dann sind der Direktor, die Lehrer*innen und unsere Eltern zu einer Lösung gekommen.

Wir Mädchen sollten einen Selbstverteidigungskurs machen. Das war die Lösung des Problems. Die überlebensgroßen Snoopy-Boxershorts mussten sich im Büro des Direktors kurz bei uns entschuldigen. Es war ein kaum verständliches in den Boden genuscheltes Gemurmel, an das ich mich gar nicht mehr erinnern kann.
Und dann wurde allen Mädchen aus unserer Klasse generös von der Schule zweimal ein vierstündiger Workshop zur weiblichen Selbstverteidigung ermöglicht.

Ist das nicht absurd?
Die Lösung des Problems war, dass wir Mädchen lernen sollten, uns zu wehren. Wir sollten lernen, damit umzugehen, dass wir in so einer Welt leben, in der Männer sich über uns ermächtigen und uns erniedrigen. Wir sollten lernen, wie wir uns in Zukunft schnell und tatkräftig wehren können. Weil wir lernen sollten, dass das regelmäßig in unseren weiblichen Leben passieren wird.
Es gab keinen Ansatz, die Snoopys auch ins Boot zu holen und denen zu zeigen, dass ihr Verhalten falsch war.

Die Idee war, wie wir Mädchen unser Verhalten an das der Männer anpassen sollten. Die Männer, die sich diesen Raum nehmen, diese Macht ausüben, von klein auf, wie wir Frauen damit umgehen. Wir müssen unser Verhalten ändern, weil diese männliche Welt es nicht tun wird. Nicht tun muss.

Und der Höhepunkt war, dass einer der ersten Sätze der Trainerin im Selbstverteidigungskurs war: „Wenn euch ein Mann auf der Straße bedrängt oder ihr euch belästigt fühlt, schreit immer ‚Feuer!', nicht ‚Hilfe!', da kommt keiner."

Ich hatte Glück. Bis jetzt.

Ich habe mich von diesem Erlebnis erholt. Mir ist sehr bewusst, dass das ein ganz kleiner und zu überwindender Zwischenfall war.

Aber es gibt so viele kleine, große, schreckliche Zwischenfälle, von denen sich Frauen nie erholen. Ich habe mich oft gefragt, ob das alles die Strafe für den Diddl-Block-Diebstahl war. Das Blatt habe ich an dem Nachmittag komplett zerknittert und verbeult und mit eingetrocknetem Angstschweiß aus meiner Latzhose gezogen und vor lauter Wut auf mich, auf die Welt und auf das, was mir passiert ist, in tausend kleine Teile zerrissen und im Mülleimer versenkt.
Mir ist bewusst, dass ich nicht bestraft wurde, weil ich ein Diddl-Block-Blatt gestohlen habe. Andere haben sich die Macht genommen, über mich und meinen Körper zu verfügen.
Männer haben sich die Macht genommen.

Ich hatte Glück.

Ich habe wundervolle, tolle Männer, Menschen kennengelernt. Ich habe per se keine Angst (mehr) vor Männern, weil ich viele Begegnungen hatte, die mir gezeigt haben, wie viele tolle, aufgeschlossene, intelligente Männer da draußen sind.

Aber inzwischen haben wir das Jahr 2022 und im letzten Jahr sind in Österreich laut Bundeskriminalamt 29 Frauen ermordet worden und 38 Mordversuche an Frauen unternommen worden. Ich muss meine Wortwahl korrigieren. 29 Männer haben Frauen ermordet und 38 Männer haben versucht, Frauen zu ermorden. Das sind die registrierten Fälle in Österreich. Das sind die Taten, von denen wir offiziell wissen.

Die Berichterstattung darüber lässt einen nach wie vor erschaudern. Selbst bei getöteten Frauen schaffen es Medien immer wieder, ihre Körper zu sexualisieren, indem betont wird, wie die Frauen aussahen und was sie trugen. Charakterisierungen der Männer, mit denen versucht wird, ihre Tat den Leser*innen nachvollziehbar zu machen. Oder hetzerische Schlagzeilen, dass es sich um eine Eifersuchtstat handelt, ohne dass noch irgendjemand einen Tatbestand ermittelt hätte.

Selbstverständlich ist der Opferschutz wichtig! Aber ich bin der Meinung, es sollte mehr investiert werden in die Gewaltprävention. In die Analyse und Einschätzung von zu Gewalt neigenden Männern, Gefährdungsprognosen.
Warum müssen auch hier die Frauen die Arbeit leisten und warum geht es in erster Linie darum, sich zu schützen vor der Gewalt, die vom männlichen Geschlecht ausgeht?

Warum müssen wir Frauen allein die Verantwortung für unsere Sicherheit übernehmen?
Wo sind die Lösungen der Politik?
Wieso muss ich mir Gedanken machen, wie ich mit einem cholerischen Kollegen oder Regisseur oder noch schlimmer Partner umgehen muss, damit er nicht schreit, ausfallend und, noch schlimmer, übergriffig wird. Während sich das männliche Geschlecht weiterhin in Gemütlichkeit wiegt, weil das ja schon immer so war und sich ändern so verdammt anstrengend und schwer ist?

Wir schreiben das Jahr 2022 und wir müssen diese Debatten JETZT führen.

MUT BESUCHT WUT

WUT

BRAUCHT

MUT

GEDANKENGUT

GUTE GEDANKEN

MUTGEDANKEN

MUT TANKEN

MUTANTEN?

WUT

WUTGEDANKEN

GUTE GEDANKEN

Ein Druckkochtopf macht dem anderen Druckkochtopf ein Kompliment

TOPF 1
Na du.

TOPF 2
Du na.

TOPF 1
Ich hab dich gestern im Geschirrspüler gesehen.

TOPF 2
Hm ja, da muss ich ab und zu hin.

TOPF 1
Magst du es nicht da?

TOPF 2
Na ja.

TOPF 1
Ich find es toll dort. Da kann ich einmal so ganz leer und sauber und frisch werden. Und das ganze andere Geschirr sieht mich und meine wunderbaren runden Formen. Und der ganze Dreck kann mal runter.

TOPF 2
Na ja.

TOPF 1
Ach, es ist so ein befreiendes Gefühl. Da bin ich endlich ganz bei mir und ohne Inhalt und so leer und keiner gibt irgendwas in mich rein und mischt was zusammen. Nur ich und meine schöne, schillernde Oberfläche und Innenausstattung.

TOPF 2
Ja, ich mein, du bist halt auch einfach richtig schön.

TOPF 1
Ja, ich weiß. Aber du doch auch.

TOPF 2
Nein und ja, das weiß ich auch.

TOPF 1
Was redest du denn da?

TOPF 2
Ach du mit deinem zarten Deckel, deinem dünnwandigen Boden und zierlichen Maserungen. Schau mich an, ich bin so dickwandig und meine Verzierungen sind grobschlächtig und gar nicht fein.

TOPF 1
Ich finde, du bist wunderschön.

TOPF 2
Lüg nicht.

TOPF 1
Ich lüge nicht. Ich sag dir doch grade die Wahrheit.
Meine Wahrheit. So wie ich dich sehe.

TOPF 2
Das stimmt aber nicht. Ich weiß es.
Ich weiß, ich bin nicht schön, weil ich dick bin.

TOPF 1
Du bist schön. Ich finde dich schön. Aber ich werde grad ein bisschen wütend auf dich, weil du mir mein Gefühl für dich absprichst. Das tut mir weh. Es macht mich traurig, dass du dich nicht so sehen kannst, wie ich dich sehe.

TOPF 2
Ich kann es einfach nicht glauben. Ich schäme mich immer so sehr, wenn ich in den Geschirrspüler zu den anderen muss.

TOPF 1
Hast du mal gesehen, wie dich das Besteck immer von oben beäugt?
Die finden dich auch urschön.

TOPF 2
Meinst du?

TOPF 1
Weiß ich.

TOPF 2
Du bist auch schön.

TOPF 1
Ich weiß, dass ich schön bin. Ich würde mich freuen, wenn du weißt, dass du schön bist.

TOPF 2
Okay. Ich versuch, dran zu arbeiten.

TOPF 1
Versprochen?

TOPF 2
Hm … ja.

TOPF 1
Ich helf dir auch. Ich kann dir jeden Tag sagen, wie wunderschön ich dich finde – von innen und von außen.

TOPF 2
Das ist lieb. Aber weißt du was? Ich glaub, ich muss mir das selbst jeden Tag sagen und selbst glauben.

TOPF 1
Hm … Ja, hast recht. Dann los.

TOPF 2
Jetzt?

TOPF 1
Ja klar, jetzt. Wann denn sonst?
Oder hast du dir das heute schon gesagt?

TOPF 2
Nein.

TOPF 1
Siehst du?

TOPF 2
Okay … puh.

TOPF 1
Du schaffst das.

TOPF 2
Okay … ja … Ich bin …

TOPF 1
Lauter! Ich hör nix.

TOPF 2
Ich bin … schön.

TOPF 1
Lauter.

TOPF 2
Ich bin schön.

TOPF 1
Mehr.

TOPF 2
Ich liebe mich, wie ich bin.

TOPF 1
Jaaaaaaaaaa! Noch mal.

TOPF 2
Ich liebe mich!!!!

LIEBEN

LASSEN

LIEB LASSEN

MUT

ZULASSEN

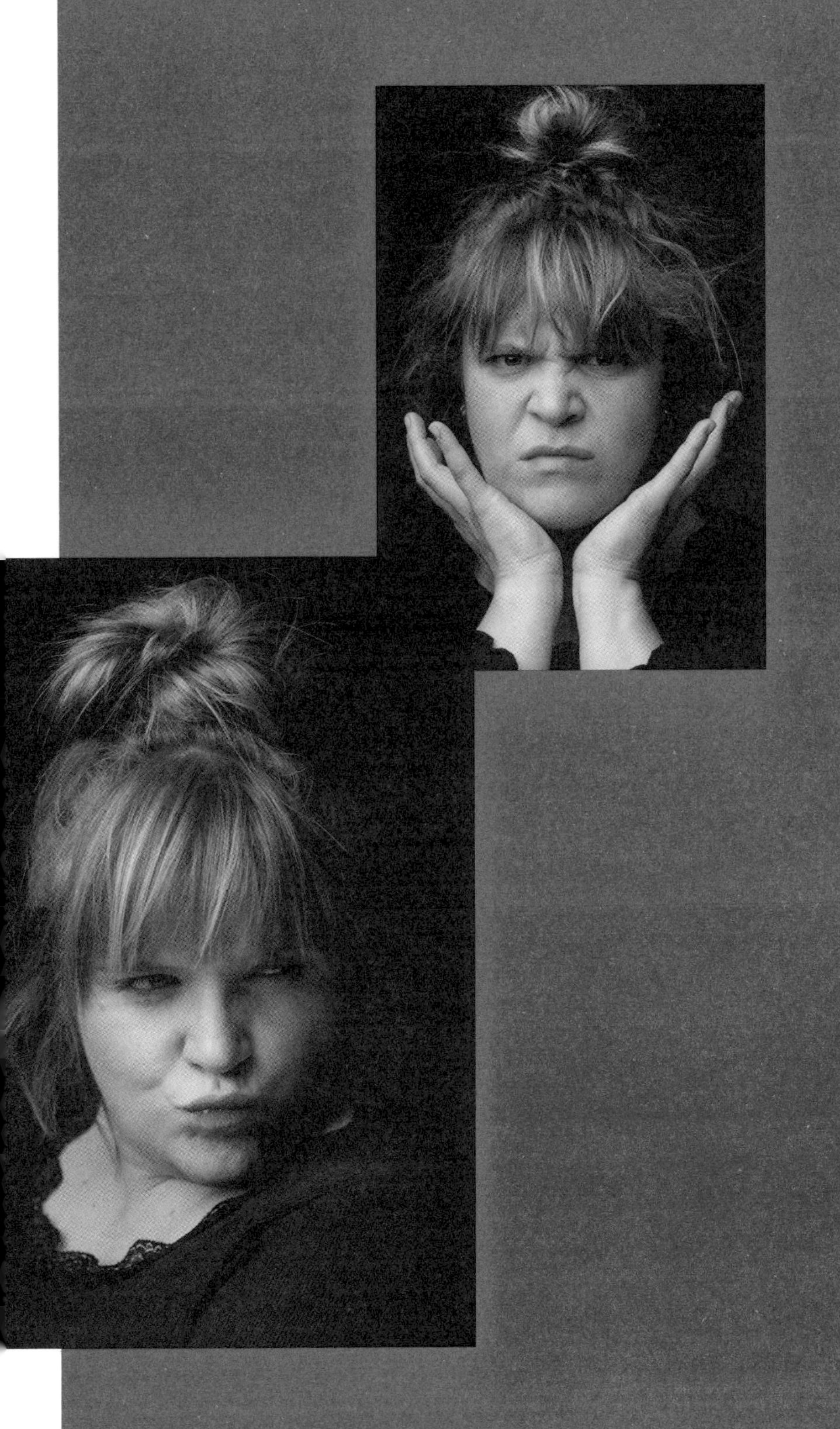

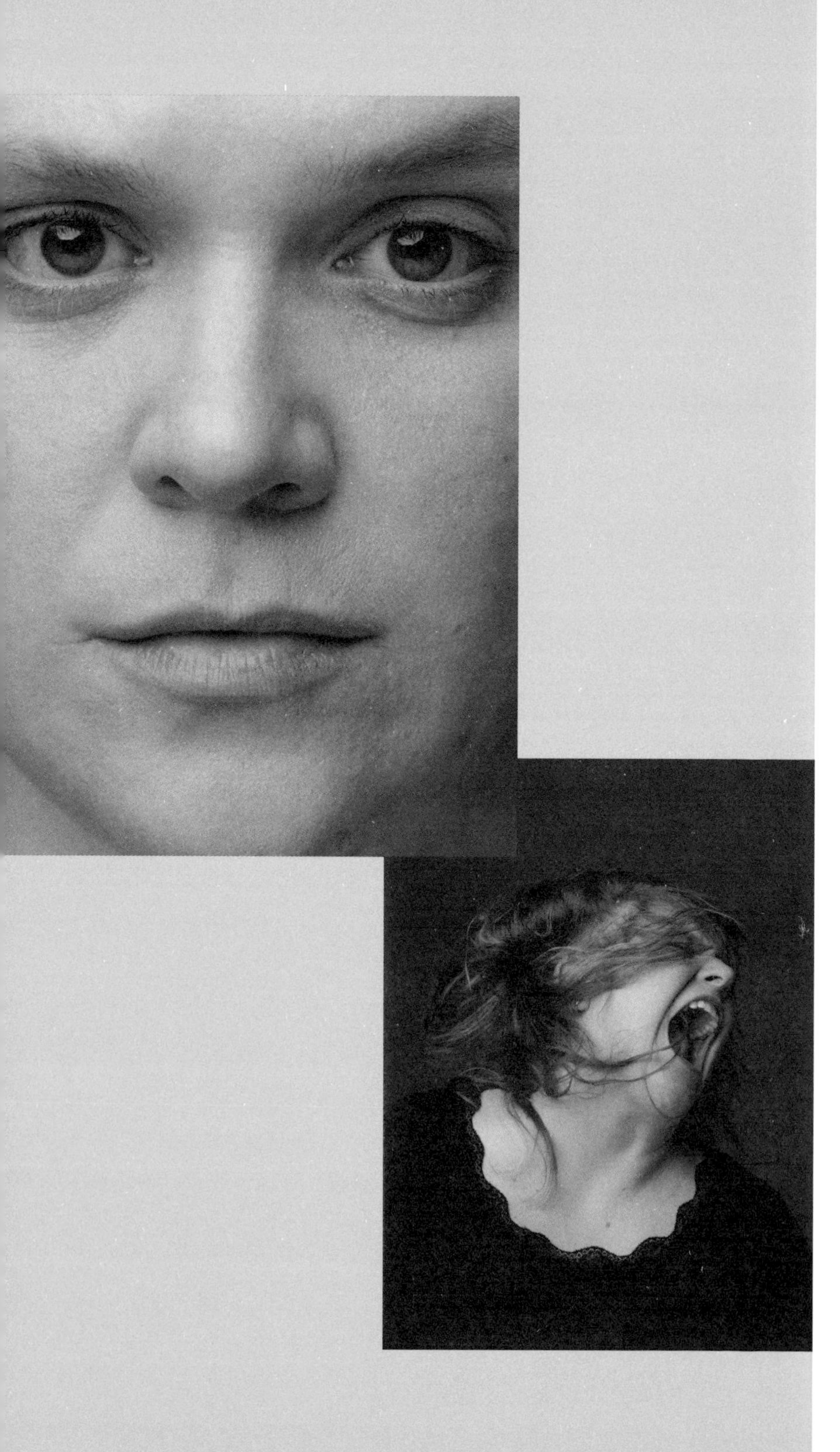

WOVON ICH REDE, WENN ICH MANDALAS MALE

Das erste Mal, dass ich erstaunt auf meine Mandala-Obsession angesprochen wurde, war 2010. Wir, das heißt, junge, wilde, voller Spieldrang strotzende Schauspielstudent*innen waren gerade mit einer Produktion nach Hamburg eingeladen worden. Ein riesiges Happening. Wir waren jung. Wir waren wild. Wir waren voller Spieldrang und davor, unser erstes Theatergastspiel anzutreten.

Perfekt ausgestattet kamen wir zum Flughafen. Damals konnten noch literweise Wasserflaschen, viel zu große Shampooflaschen und tonnenweise Duschgel im Handgepäck mitgenommen werden. Besonders das Kunstblut und Ketchup im praktischen Trolley war wichtig und bis zum Bersten gefüllte Rucksäcke, die uns durch unsere Reise bringen sollten. Hamburg rief nach uns! Uns! Das waren Student*innen aus dem dritten und vierten Jahrgang des Max-Reinhardt-Seminars, inklusive Technik, natürlich dem Regisseur, unserem Schulleiter – stellen wir uns einfach ein Wahnsinns-Aufgebot vor.

Hamburg 2010: Das Körber-Studio Hamburg erwartete uns. Gastspiele von Theatern werden oft von einer eigens dafür verantwortlichen Person organisiert, weil auch voll ausgewachsene Schauspieler*innen auf derartigen Reisen die Tendenz haben, wieder zur Kindergartengruppe zu werden, und mein Respekt gebührt voll und ganz den ernannten Reiseleiter*innen dieser Gruppen – ein Kraftakt, nach dem bei der Rückkunft auf jeden Fall ein fünftägiger Spa-Urlaub gebucht werden muss, um sich wieder zu erholen.

Die überaus überverantwortliche Reiseleitung dieser Gastspiele tendiert, naturgemäß dazu, Zeiten – also Ankünfte, Abreisen, Treffpunkte – sehr großzügig zu disponieren, also gerne auch einfach mal bis zu zwei Stunden, bevor überhaupt irgendwas losgeht, weil erfahrungsgemäß eh alles zu lange dauert, irgendjemand bestimmt etwas vergessen hat, jemand bestimmt überhaupt vergessen hat, dass heute etwas stattfindet, und jemand ganz sicher vergessen hat, seinen Reisepass einzupacken.
Da der Transport vom Flughafen Hamburg zu dem Hostel für die jungen, wilden, vor Tatendrang strotzenden Mitglieder des Max-Reinhardt-Seminars sehr großzügig berechnet wurde, waren also, naturgemäß, unsere Zimmer noch nicht bezugsfertig.

Keiner von uns wollte sein hart erspartes Geld für zu teuren Kaffee in der Umgebung ausgeben, Sehenswürdigkeiten interessierten in diesem Moment auch niemanden – wir waren doch die, die gesehen werden sollten. Wir wollten spielen. Dafür waren wir angereist.
Also wurden wir kurzerhand erst mal in der Hotellobby verstaut und warteten. Und warteten. Und warteten. Diese leeren Stunden, in denen auf so etwas Unnötiges gewartet wird wie auf das Beziehen des Hotelzimmers, waren vor allem für uns junge, wilde, vor Spieldrang strotzenden Max-Reinhardt-Student*innen eine Qual.

Nach der anfänglichen Euphorie über das Hostel, die geglückte Reise, die Chance, gleich vor namhaften Dramaturg*innen, Regisseur*innen und Kolleg*innen zu spielen, die unbändige Vorfreude auf die Feiern danach, bröckelte langsam die Stimmung.
Die einen holten ihren völlig zerknitterten, zerknautschen „Ur-Faust" in der Reclamfassung hervor, weil schon seit Studienbeginn versucht wurde, sich durch dieses Theaterepos zu wälzen, was nie ganz geglückt war, und begannen noch mal beim Osterspaziergang. Die anderen waren glücklich über die gefundene Raucherecke und den zwar ekelhaften, aber frei zur Verfügung gestellten Filterkaffee. Andere rollen sich akrobatisch mit ihren Habseligkeiten auf die wahnsinnig enge Bank in der Hostellobby.

Und ich holte mein Mandalabuch heraus. Ich kann mich da ja sofort und voll und ganz hinein vertiefen, mich in den Farben, im Rhythmus des Ausmalens der verschiedenen Muster verlieren, meinen sehr, sehr nervösen Atem, den ich hatte, weil ich unglaublich aufgeregt war, auf diesem Gastspiel zu sein, versuchen zu kontrollieren. Ich kann nicht mehr genau sagen,

wie lange wir so dasaßen. Jung. Wild. Voller Spieldrang. Ich weiß nur, dass die Stimmung immer ungeduldiger, genervter wurde, aber ich hatte ja meine Stifte und Farben und mein vorgegebenes Muster und die Struktur vor mir, die ich mit all meiner bunten Kreativität zu füllen hatte.
Und auf einmal kommt der Regisseur zu mir und sagt: „Boa, Steffi, deine Eltern haben dir echt beigebracht, wie du dich allein beschäftigen kannst."

Ich habe über die Jahre immer wieder Mandalas gemalt, ein großes Hoch erlebte meine Mandala-Ausmal-Phase, als ich bei einer Inszenierung mitgespielt habe, die neun Stunden ging und ich zwischen meinen Auftritten oft Pausen von ein bis zwei Stunden hatte. Um konzentriert und in der Stimmung zu bleiben, ohne mich die komplette Zeit selbst wahnsinnig zu machen, aus Angst, ich könnte aus der Spannung fallen, habe ich dann meine Mandalabücher mit ins Theater genommen und zwischen den Auftritten gemalt.

Dann kam der 17. März 2020 in Berlin. Wir sollen zu Hause bleiben. Wir sollen unsere persönlichen Kontakte auf ein absolutes Minimum reduzieren. Wir sollen nicht panisch werden. Wir sollen vorsichtig sein. Wir sollen nicht hamstern. Wir sollen ruhig bleiben. Wir sollen unsere Eltern nicht besuchen. Wir sollen unsere Großeltern nicht besuchen. Wir sollen keine Menschen umarmen. Wir sollen die Theater bis auf Weiteres geschlossen halten. Wir sollen bis auf Weiteres die Museen geschlossen halten. Wir sollen die Opern geschlossen halten. Wir sollen keine Filme drehen. Wir sollen nicht tanzen. Wir sollen nicht laut singen, weil sich sonst winzige Partikel in der Luft verbreiten. Wir sollen uns nicht mehr die Hände geben. Wir sollen ruhig bleiben. Wir sollen unseren Politiker*innen vertrauen. Wir sollen eine App installieren.

Wir sollen nicht Bahn fahren. Wir sollen Bahn fahren, aber nur mit Mund-und-Nasen-Schutz. Wir sollen nicht Theater spielen. Wir sollen ruhig bleiben. Wir sollen nur zu zweit spazieren gehen. Wir sollen nur ein Kilogramm Mehl pro Haushalt kaufen. Wir sollen die anderen schützen. Wir sollen nicht in Wohnungen mit anderen zusammenkommen. Wir sollen viel telefonieren und Kontakt mit Menschen halten, von denen wir wissen, dass sie einsam sind. Wir sollen uns um unsere älteren Nachbarn kümmern. Wir sollen vom Balkon klatschen. Wir sollen ruhig bleiben. Wir sollen nicht vom Balkon klatschen. Wir sollen nicht Theater spielen. Wir sollen nicht riskieren, dass es nicht genug Intensivbetten gibt. Wir sollen ruhig bleiben.

Meine Eltern haben mir beigebracht, wie ich mich allein beschäftigen kann. Ich habe mir später noch mehr beigebracht, womit ich mich allein beschäftigen kann. Ich beschäftige mich also. Ich gehe spazieren. Ich lese. Ich schaue Filme. Ich sortiere meinen Kleiderschrank. Ich putze. Ich putze jede Schublade in meiner Küche, ich räume alles aus und wieder ein. Ich putze das Badezimmer, das Wohnzimmer – alles. Ich putze sogar meine verdammten Fenster. Ich beschäftige mich. Ich telefoniere. Ich kaufe für meine Nachbarn ein. Ich versuche ruhig zu bleiben. Ich bleibe manchmal überhaupt nicht ruhig. Ich habe noch nie so lange nicht gespielt. Ich beschäftige mich weiter. Ich backe ein verdammtes Bananenbrot. Ich vermisse meine Familie. Meine Freunde. Ich beschäftige mich weiter. Ich möchte wieder spielen. Ich versuche ruhig zu bleiben. Ich kann nicht schlafen. Ich höre nachts in meinem Kopf Zahlen, die fallen und steigen, und Werte, die sich proportional zu irgendwas anderem nicht gut entwickeln. Ich träume von Fledermäusen. Ich kann nicht mit meinem Vater seinen sechzigsten Geburtstag feiern. Ich versuche ruhig zu bleiben.

Ich wurde schon wirklich lange nicht umarmt. Ich beschäftige mich. Ich mache Sport. Ich entkalke meine Waschmaschine. Ich möchte einmal eine Fledermaus spielen. Ich habe noch nie so lange nicht gespielt. Ich habe Berlin noch nie so kennengelernt wie jetzt. Ich fahre mit dem Fahrrad an einen See und lese dort vier Stunden lang in meinem Buch. Ich habe endlich Zeit, komplette Staffeln von Serien zu schauen. Ich werde traurig, weil ich auch gerne wieder drehen würde. Ich versuche ruhig zu bleiben. Ich bin nicht mehr ganz so jung wie früher. Ich bin manchmal nicht mehr so wild wie früher. Ich bin genauso, wenn nicht sogar mehr spielwütig als früher. Ich beschäftige mich weiter. Ich schreibe endlich wieder Briefe. Ich gehe sehr oft zur Post. Ich mag die Post in meinem Kiez nicht. Ich habe eine große Freude, Päckchen für meine Familie und Freunde zusammenzustellen und zu verschicken. Ich freue mich, dass ich auch endlich wieder Briefe bekomme. Ich bin froh, dass die Nachbarn unter mir ihre Fledermaus-Halloween-Dekoration von der Tür genommen haben. Ich höre zu viele Nachrichten. Ich höre zu wenige Nachrichten. Ich kann nicht fassen, was gerade in der Welt passiert. Ich fühle mich allein. Ich vermisse meine Familie. Ich beschäftige mich weiter. Ich sortiere alle meine Stifte, die ich besitze. Ich habe sehr viele Stifte. Ich habe noch nie jeden einzelnen Stift, den ich besitze, durchprobiert. Ich gebe jeden Stift weg, der nicht mehr schreibt. Warum habe ich so viele Stifte? So viele verschiedene Farben. Stifte, die glitzern. Dünne Stifte. Dicke Stifte. Neonfarbene Stifte. Mandalas.

Ja, genau. Ich habe doch immer so gerne Mandalas gemalt. Habe ich noch Mandalabücher? Ja, viele. Ich fange an zu malen. Ich stelle mein Handy aus. Ich mache die Musik aus. Es ist still um mich herum. Ich fange innen an, das habe ich mal gelesen. Ganz von innen nach außen arbeiten. Die

Form, die Muster, das ist vorgegeben, aber die Füllung suche ich selbst aus und wähle nur die erste Farbe bewusst, dann lasse ich es einfach passieren. Am Anfang fällt es mir immer schwer, mich zu konzentrieren, wirklich abzuschalten. Fallzahlen. Reisebeschränkungen. Klopapier. Sind nur einige Schlagwörter, die nicht aus meinem Kopf gehen. Irgendwann beschließe ich dann, nicht mehr aktiv dagegen anzukämpfen. Ich freue mich darüber, dass das Blatt vor mir immer bunter wird. Dichter. Mit Leben gefüllt. Mit Farben. Ich habe ja so viele Stifte. Toll. Fledermaus.
Ich zeichne weiter. Irgendwann merke ich, dass meine Hand wehtut. Ich schaue das erste Mal auf die Uhr. Es sind über drei Stunden vergangen. Ich kann nicht aufhören. Ich habe aufgehört zu denken, ich mache einfach nur mehr. Lasse mich treiben. Rot. Türkis. Grün. Orange. Handkrampf. Weiter. Irgendwann ist es halb drei Uhr morgens. Ich bin fertig. Im besten Sinne leer. Und das Mandala ist vollgemalt. Ich schreibe das Datum auf die Rückseite: 31. März 2020.

Heute ist der 11. Oktober 2020. Meine Eingangstür habe ich von innen mit allen Mandalas beklebt, die ich während des Lockdowns gemalt habe. Inzwischen ist kein Platz mehr an der Tür, ich kann nicht mehr alle dort aufhängen. Manche lasse ich in den Büchern drinnen liegen. Andere verschenke ich. Auf jedes schreibe ich das Datum. Meine Schwester Jasmin sagt scherzhaft, wenn sie meine Tür, die ich ganz schön stolz herzeige, über Facetime sieht, dass sie sich Sorgen macht um die „schrullige Alte", die ich geworden bin. Ich weiß, wie sie es meint.

Ich liebe meine Mandalas. Es gibt nicht wirklich viel, was mich tatsächlich runterbringt, ablenkt, meinen Kopf frei werden lässt. Aber Mandalas malen schon. Ich habe inzwischen neue

Stifte besorgen müssen, weil viele weitere leer geworden sind vom vielen Zeichnen in den letzten Monaten. Ich kann ja nicht so gut einfach drauflosmalen, auf weißes Papier. Das stresst mich irgendwie. Zu viel Verantwortung, zu viel Zugzwang, zu viel Druck, da am Ende was zu leisten. Ich kann mich da nicht vollständig freimachen. Es beruhigt mich, dass das Raster vorgegeben ist. Ein Rahmen abgesteckt ist, innerhalb dessen ich mich frei bewegen kann. Das geht mir beim Spielen eigentlich auch so. Ich mag es, im Moment zu entscheiden, mich völlig treiben zu lassen, neue Abzweigungen zu nehmen. Aber der Ton der Inszenierung, der Weg der Geschichte des Stücks und der Figur sind vorgegeben. Aber ob ich heute springe, robbe, renne oder langsam gehe, kann ich im Moment entscheiden.

Das ist meine liebste Art zu arbeiten. Mit einem Rahmen, der vorgegeben ist, den ich aber selbst füllen darf. Nicht „bei Satz zwei hebst du den linken Arm und kratzt dich dann dreimal am rechten Ohr". Das macht mich wahnsinnig. Das engt mich ein, beschränkt meine Kreativität. Da wird mir fast zu viel an Entscheidung abgenommen, das will ich ja gar nicht. Ich entscheide gerne. Auch wenn es viel Verantwortung bedeutet. Auch wenn es immer viel Konsequenz bedeutet. Mein für mich wichtigster Schauspiel-Professor hat immer gesagt: „Keine Angst vor falschen Entscheidungen. Triff eine Entscheidung. Und wenn du bemerkst, sie war falsch, dann triffst du eine neue."

Das ist in seiner Einfachheit und Klarheit für mich wundervoll. Und davon rede ich, wenn ich Mandalas male.

ANDERS SEIN
ANDERS MEIN
ANDERS DEIN

WUNSCH
TRÄUME SCHÄUME
WUT RÄUME

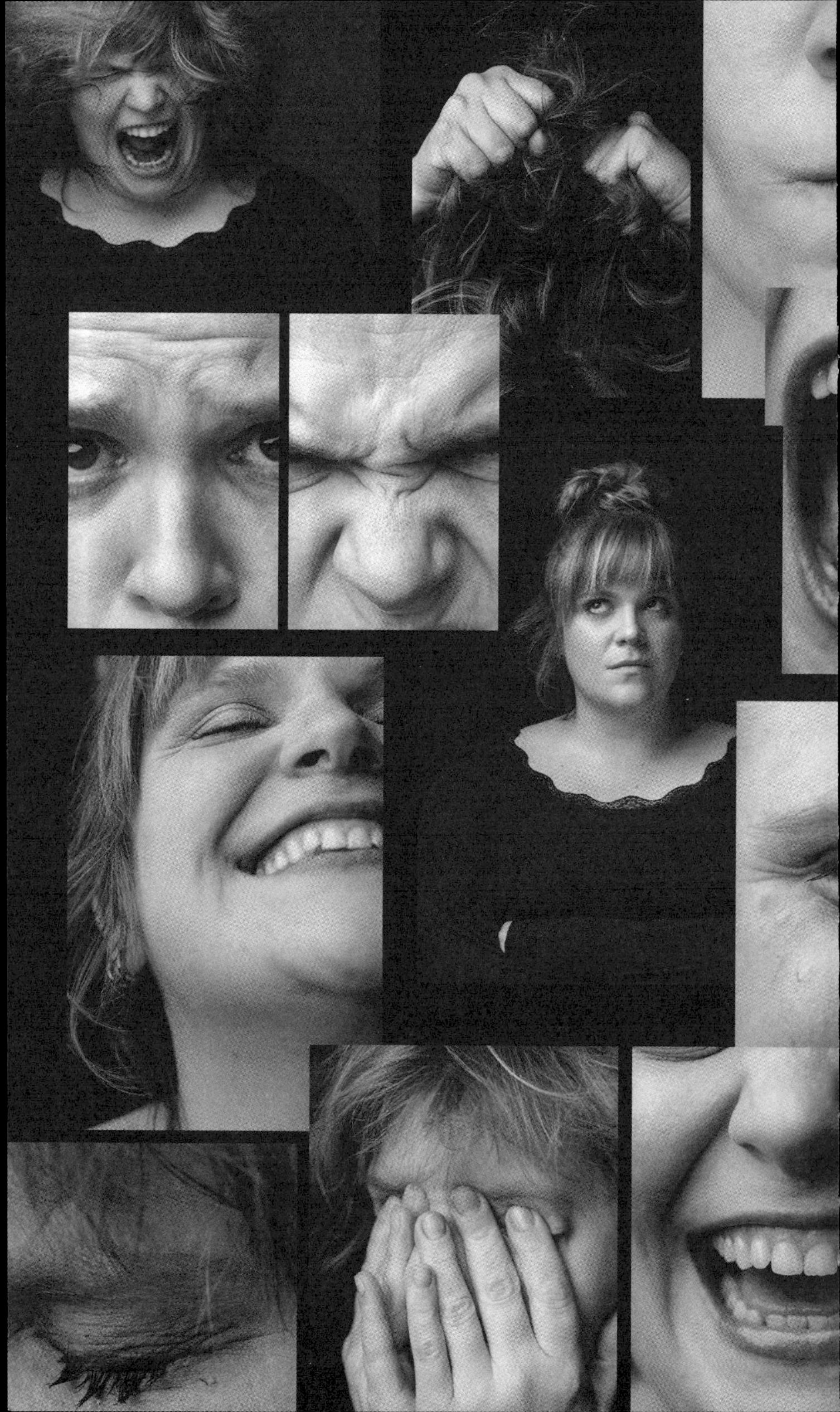

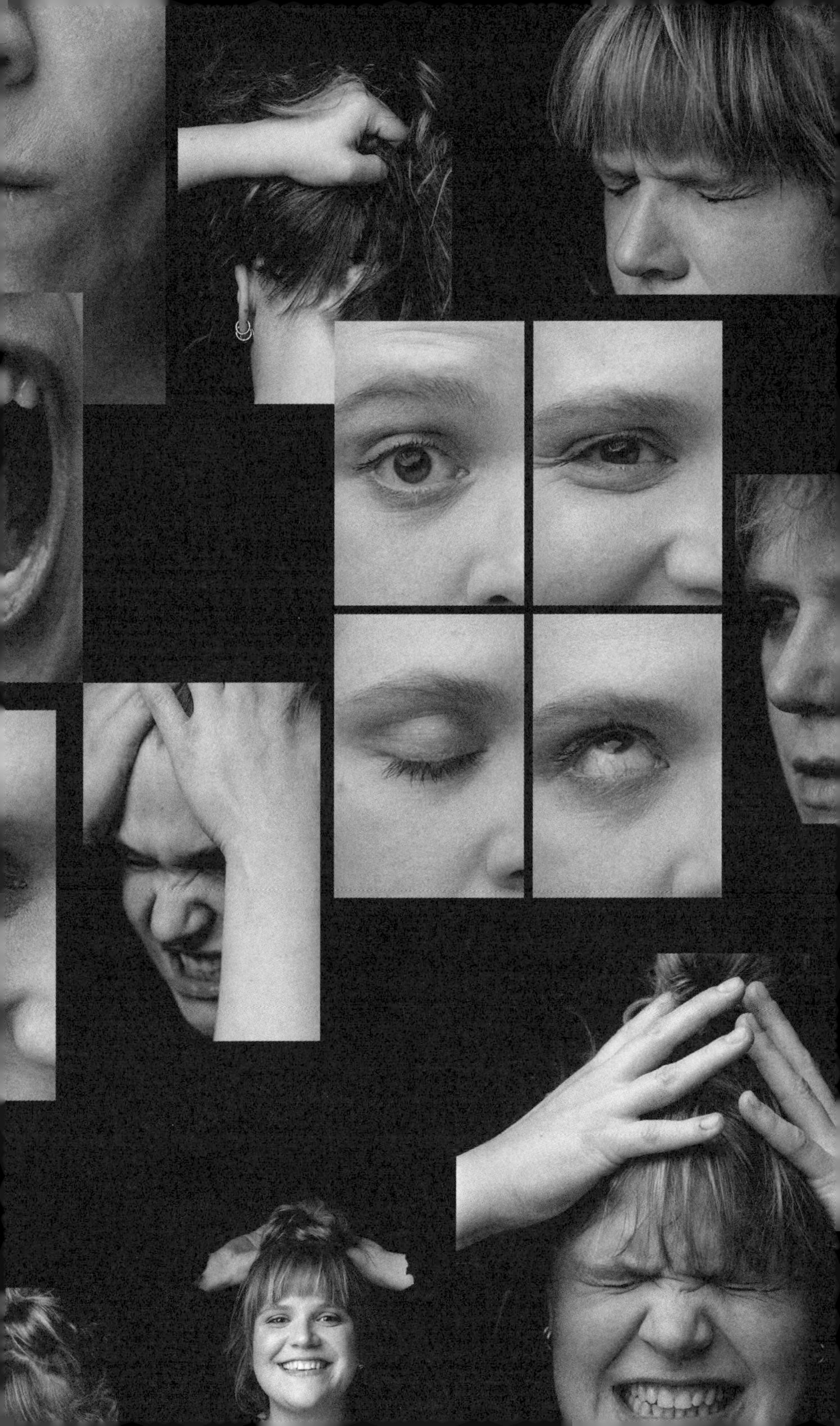

VERLIEBTE

LIEBE TRIEBE

LIEBE

SICH

WER

KANN

Zwei Druckkochtöpfe treffen sich wieder nach sehr, sehr, sehr langer Zeit

TOPF 1
Hey.

TOPF 2
Hallo.

TOPF 1
Und … wie …

TOPF 2
Frag mich jetzt nicht, wie es mir geht.

TOPF 1
Entschuldige.

TOPF 2
Entschuldige dich nicht dafür.

TOPF 1
Okay. Aber ich …

TOPF 2
Du weißt nicht, was du sagen sollst?

TOPF 1
Ne, nicht wirklich.

TOPF 2
Seltsam. Du wolltest dich doch unbedingt treffen.

TOPF 1
Ja. Ich weiß. Ich … ich glaub, ich brauch das jetzt einfach.

TOPF 2
Hm.

TOPF 1
Ich weiß, ich hab mich ewig nicht gemeldet.

TOPF 2
Ewig.

TOPF 1
Ich wusste nicht, wie.

TOPF 2
WhatsApp. Signal. Telegram. E-Mail. Brief.
Hätt' dir schon was einfallen können.

TOPF 1
Ja.

TOPF 2
Das ist so scheiße.

TOPF 1
Ich weiß.

TOPF 2
Weißt du das wirklich?

TOPF 1
Wie meinst du das?

TOPF 2
Weißt du wirklich, wie extrem scheiße das alles war? Für mich?

TOPF 1
Ich musste einfach gehen.

TOPF 2
Ja. Hast du ja auch gemacht.

TOPF 1
Und jetzt …

TOPF 2
Und jetzt musstest du einfach wiederkommen?

TOPF 1
Ich dachte, wir könnten die Gespräche wiederaufnehmen?

TOPF 2
Willst du mich verarschen?

TOPF 1
…

TOPF 2
Du bist einfach gegangen.

Weg. Schwups. Aus unserem Leben. Du warst einfach weg. Ohne Vorwarnung. Ohne Signale. Ohne ein verdammtes Gespräch. Einfach weg.

TOPF 1
Ja.

TOPF 2
Du hast mich völlig allein gelassen.

TOPF 1
Ich wusste nicht, wie ich anders wegkomme.

TOPF 2
Du hast mir das Gefühl gegeben, dass du mich nie geliebt hast. Jemanden, den du liebst, den verlässt du nicht so. Du gehst nicht einfach so raus. Das machst du vielleicht im verdammten Film, dass du kurz rausgehst, Zigaretten holst und dann nie wiederkommst. Aber nicht in meinem Leben.

TOPF 1
Aber ich hatte Angst, dir zu sagen, dass ich wegwill.

TOPF 2
Okay. Aber anscheinend hattest du keine Angst, mir mein Herz rauszureißen.

TOPF 1
Nein. Irgendwie nicht. Weil ich weiß, wie stark du bist. Weil ich weiß, dass du wieder heilen wirst. Viel besser und schneller als ich.

TOPF 2
Ich hab dich so sehr geliebt wie noch nie jemanden auf dieser Welt.

TOPF 1
Ich dich auch.

TOPF 2
Das kann ich dir einfach nicht glauben. Sonst hättest du mir das nicht angetan.

TOPF 1
Aber es geht dir doch jetzt besser?

TOPF 2
Soll das eine Entschuldigung sein?

TOPF 1
Nein. Aber ich glaub, wir sind einsam besser als zweisam.

TOPF 2
Das hast du für dich und mich entschieden. Du hast nicht nur für dich gehandelt, du hast für uns beide entschieden.

TOPF 1
Ja. Einmal. Einmal wollte ich entscheiden für uns beide. Weil du doch so viel mehr bist und besser und weiser und stärker und doch immer für uns beide gelebt und entschieden und gearbeitet hast. Ich musste einmal für uns beide entscheiden.

TOPF 2
Ja, hast du ja auch.
Was, verdammt, willst du jetzt von mir?

TOPF 1
Wissen, wie es dir geht.

TOPF 2
Nach dieser langen Zeit.
Das geht dich nichts mehr an.
Es ist nicht mehr dein Recht zu wissen, wie es mir geht. Das hast du dir verspielt. Du hast kein Anrecht mehr darauf zu wissen, was bei mir los ist, und ich vertraue dir auch nicht mehr, um dir auf diese Frage ehrlich zu antworten.

TOPF 1
Bitte.

TOPF 2
Du willst wissen, wie es mir geht?

TOPF 1
Ja.

TOPF 2
Nach dieser verschissenen langen Zeit, dieser verdammt harten, absurden Zeit willst du jetzt wissen, wie es mir geht? Und am liebsten hättest du, dass ich jetzt sage, dass es mir gut geht, oder? Würdest du dich dann besser fühlen? Wenn ich dir sage, dass es mir fantastisch geht? Dass diese Trennung eigentlich das Beste war, was mir passieren konnte? Dass mir

das ganz viele Türen geöffnet hat, ich mehr zu mir gefunden habe, ich eigentlich festgestellt habe, dass wir nie wirklich zueinander gepasst haben, dass ich viel mehr wert bin, als mit dir in einer Beziehung zu stecken, dass ich mich jetzt mit ganz anderen Augen sehe und auch mein Umfeld mich wie neu geboren wahrnimmt? – Bla, bla, kotz, scheiße, shit.

TOPF 1
Es tut mir so leid.

TOPF 2
Was denn genau?

TOPF 1
Dass ich uns kaputt gemacht hab. Dass ich das, was wir hatten, kaputt gemacht hab, und das, was wir gemeinsam haben hätten können.

TOPF 2
Ich wär so gern nicht mehr auf dich wütend.
Ich wär so gern nicht mehr wütend, dass du gegangen bist.
Ich wär so gern nicht mehr wütend, dass du wiedergekommen bist.
Ich wär so gern nicht mehr wütend, dass du mir so wehgetan hast und mich mit diesem Gefühl ganz allein gelassen hast.
Ich wär so gern nicht mehr wütend, dass du alles hingeworfen hast, was wir hatten.
Ich wär so gern nicht mehr wütend, dass du mich komplett ausgeschlossen hast.
Ich wär so gern nicht mehr wütend, dass du mir

jede Chance genommen hast, mit dir zu sprechen.
Ich wär so gern nicht mehr wütend, dass du alles, was wir uns zusammen aufgebaut haben, an einem Vormittag zerschlagen hast.
Ich wär so gern nicht mehr wütend, dass du dir alles, was ich aufgebaut habe, zu eigen gemacht hast, und dir immer noch nimmst, was du nur kriegen kannst.
Ich wär so gern nicht mehr wütend, dass du mich allein gelassen hast.
Ich wär so gern nicht mehr wütend, dass ich dich geliebt habe.

TOPF 1
Ich hab dich wirklich geliebt.

TOPF 2
Es ist so verdammt schwer für mich, das zu glauben. Ich hab das Gefühl, dass du mich nie wirklich geliebt hast, weil ich bis heute nicht verstehe, wie du einfach so gehen konntest, wenn du mich geliebt hast.

TOPF 1
Aber doch gerade deshalb. Weil es mir fast Angst gemacht hat, wie sehr ich dich liebe und wie sehr ich von dir geliebt werde. Weil ich dachte, dass ich Luft und Raum für mich brauche. Dass ich kurz noch wissen muss, wer ich allein bin, und nicht immer nur, wer ich neben dir und mit dir bin. Weil ich verstehen wollte, was dieses unendlich große Gefühl dir gegenüber wirklich ist. Weil ich Zeit gebraucht habe für mich. Weil ich vorher noch nie so gefühlt habe, bevor ich dich getroffen habe. Und das hat mich überrascht, überrumpelt und überwältigt.

Und es war so schnell so viel, so toll, so eng. Aber ich hab verpasst zu merken, wer ich bin. Nur ich. Ohne dich.

TOPF 2
Warum hast du mir das nie vorher gesagt? Warum hast du nie, nie, nie mit mir vorher darüber geredet? Warum bist du einfach weg?

TOPF 1
Weil ich dann nicht gehen hätte können. Weil ich weiß, wie stark du bist, weil ich weiß, wie viel du fühlst, wie viel du liebst, wie viel unendliche Gefühle du in dir trägst, und davor hatte ich Angst. Ich hatte Angst, dass du mit allem, was du sagst, recht hast. Dass alles, was du sagst, Sinn macht und du mich hältst und mich beruhigst und mir sagst, dass alles wieder gut wird, dass du da sein wirst, für immer, neben mir, und mir durch alles helfen wirst. Und ich hätte Ja gesagt. Ich hätte zu dir, zu dieser Art von Zukunft Ja gesagt. Ich wäre nicht gegangen, wenn ich dich vorgewarnt hätte.

TOPF 2
Weißt du, was das Schlimmste ist?
Dass ich vergesse, was alles schön war. Dass ich so viel Wut in mir habe, wenn ich an dich denke, dass ich vergesse, wie es war, als ich dachte, ich liebe dich. Oder als ich dich wirklich geliebt habe. Weil es so verdammt schwer für mich ist zu glauben, dass du mich wirklich geliebt hast. Dass ich meine Zeit nicht verschwendet habe. Ich verstehe schon, dass jemand gehen will. Jeder kann immer gehen. Das

ist doch klar. Aber es wär mir so wichtig gewesen, dass du mit mir vorher kommunizierst.
Du hast mir den Boden weggerissen. Ich hab gedacht, ich bin ein Nichts, ich kann nichts, ich bin nichts, ich bin nichts mehr wert.
Und manchmal denk ich das immer noch. Du hast dich nie wieder gemeldet. Erst jetzt. Nach so vielen Jahren. Nach dieser unendlich langen Zeit. Und ich weiß nicht mehr, wer du bist. Das ist ja auch okay. Wir sind jetzt andere. Aber tauch nicht aus dem Nichts auf und frag, wie es mir geht. Bitte. Lass mich einfach in Ruhe. Ich kann das nicht. Ich hab meine gesamten Kräfte mobilisiert, um mich wieder zusammenzubauen. Es gibt Tage, da stehe ich immer noch sehr wackelig da. Aber ich hab's geschafft. Allein. Das wolltest du ja auch. Und das hat geklappt. Aber ich halt das jetzt nicht aus. Ich halte dich nicht aus. Diese Version von dem, der du jetzt bist. Und weil ich verdammt noch mal nicht verstehe, was du ausgerechnet jetzt von mir willst oder erreichen möchtest.

TOPF 1
Vielleicht schaffst du es irgendwann?

TOPF 2
Bitte was?

TOPF 1
An das Schöne zu denken, das wir hatten. An das, was gut war, und es war lange sehr, sehr gut und sehr, sehr schön. Das war es.

TOPF 2

…

TOPF 1

Das war es. Es gab eine Zeit, ganz lange, da gab es für mich nichts Schöneres, als neben dir einzuschlafen und neben dir aufzuwachen. Es gab nichts Schöneres, als deinen Nacken zu riechen, deine Hand in meiner zu spüren, wenn wir spazieren gegangen sind. Nichts Schöneres, als mit einem guten Weißwein-Rausch mit dir durch die Straßen zu schweben. Nichts, dass mich so glücklich gemacht hat, wie dein Lachen zu hören und dein Strahlen zu sehen. Niemanden, mit dem ich lieber die Nächte durchgeredet und diskutiert, gegrübelt und überlegt hätte. Niemanden, mit dem ich lieber geschlafen hätte. Niemanden, dem ich so vertraut habe. Niemanden auf der Welt, der über meine Witze so gelacht hat wie du. Keiner, der meinen Sarkasmus und meine Ironie zu schätzen wusste. Keiner, mit dem ich mich so mutig gefühlt habe wie mit dir.

Und ich wünsch dir von ganzem Herzen, dass du irgendwann nicht mehr wütend bist. Auf mich kannst du natürlich immer wütend bleiben. Das verstehe ich. Aber sei nicht wütend auf das, was war. Sei nicht wütend, dass du dich auf mich eingelassen hast. Dass du geliebt hast. Dass du genossen hast, dass wir zusammen geschwebt sind. Sei wütend, weil ich gegangen bin. Sei wütend, weil ich nicht geredet habe. Sei wütend, weil ich dich allein gelassen habe. Aber sei nicht wütend, dass du geliebt hast! Ich wünsche dir das von ganzem Herzen, dass du das wieder fühlen wirst können. Diese Liebe. Diese unendliche, große Liebe.

Dass du wieder diese Zuckerwatte im Bauch fühlst, dass deine Beine wieder über den Boden schweben, dass alles ein bisschen heller und ein bisschen einfacher wird, weil jemand da ist, der dich trägt. Und das hast du dir verdient. Jemand, der dich hält und zu dir steht und dich auffängt. Ich kann das nicht. Ich konnte das eigentlich nie. Du hast immer für uns beide getragen. Und ich weiß, du machst so was auch gerne, weil dein Herz so unendlich groß ist. So viel größer als von vielen anderen. Aber du sollst jemanden haben, der dich auffängt. Nicht jemanden, den du immer vorm Fallen bewahren musst.

TOPF 2
Aber ich dachte immer, dass du das sein wirst.

TOPF 1
Ich wollte das auch so, so gerne.
Aber ich bin das nicht. Ich bin's einfach nicht.

TOPF 2
Ich weiß das jetzt auch.
Aber es wär so schön gewesen.

TOPF 1
Ja.

TOPF 2
Es war gut. Es war lange Zeit gut, was wir hatten.

TOPF 1
Ja, das war es. Wir waren eine Zeit lang echt gut zusammen.

TOPF 2
Leider nur eine Zeit lang.

TOPF 1
Leider.

TOPF 2
Ich weiß nicht, ob ich dir jemals wirklich verzeihen kann.

TOPF 1
Das verstehe ich.

TOPF 2
Ich weiß nicht, ob ich jemals ertragen werde, dass du dich aus dem Nichts meldest.

TOPF 1
Das versteh ich.

TOPF 2
Und selbst, wenn ich dir irgendwann aus tiefstem Herzen verzeihen kann, möchte ich dich nicht wieder in meinem Leben haben.

TOPF 1
Das versteh ich.

TOPF 2
Ich vermisse dich oft so sehr.

TOPF 1
Ich dich auch.

TOPF 2

Es gibt so eine Art Humor, die wirklich nur du hast.

TOPF 1

Ich weiß.

TOPF 2

Und dann passiert was oder ich höre etwas, wovon ich weiß, das würdest nur du auf der ganzen Welt verstehen. Und dann kann ich mich nicht melden bei dir.

TOPF 1

Warum nicht?

TOPF 2

Das geht einfach nicht. Ich möchte dich nicht noch mal so nah ranlassen. Ich hab so Angst, dass du mir wieder wehtust. Ich hab sowieso bei jedem Angst, dass er mir wehtun könnte.

TOPF 1

Okay. Ja, das verstehe ich.

TOPF 2

Glaubst du noch dran?

TOPF 1

Woran?

TOPF 2

An die Liebe.

TOPF 1
Ich weiß nicht, ob ich noch mal jemanden so lieben kann wie dich.

TOPF 2
Das weiß ich auch nicht.

TOPF 1
Aber ich hoffe, dass ich noch mal lieben werde. Vielleicht anders, vielleicht ähnlich. Bestimmt nicht genau so.

TOPF 2
Das hoffe ich auch.

TOPF 1
Und du weißt doch, was sie sagen …

TOPF 2
Ne, was?

TOPF 1
Komm, lass es mich jetzt nicht aussprechen.

TOPF 2
Häh? Was redest du denn jetzt da?

TOPF 1
Na, dieses olle Sprichwort …

TOPF 2
Oh mein Gott, nein, das sagst du jetzt nicht, das ist nicht dein Ernst.

TOPF 1
Doch.

TOPF 2
Du spinnst.

TOPF 1
Jeder Topf hat seinen … du weißt schon.

TOPF 2
Ich glaub, ich bin ein Wok.

DAS HERZ IST HUNGRIG
NACH GEFÜHL
DAS HERZ IST ZUGESCHWEMMT
MIT MÜLL
BALLAST, ANGST UND
EMOTIONSGEPÄCK
DAS HERZ IST HUNGRIG
NACH DER LIEBE
TRIEB UND LUST UND
SCHMETTERLING
ACH HERZ, KOMM TRAU DICH
MACH DEIN DING!

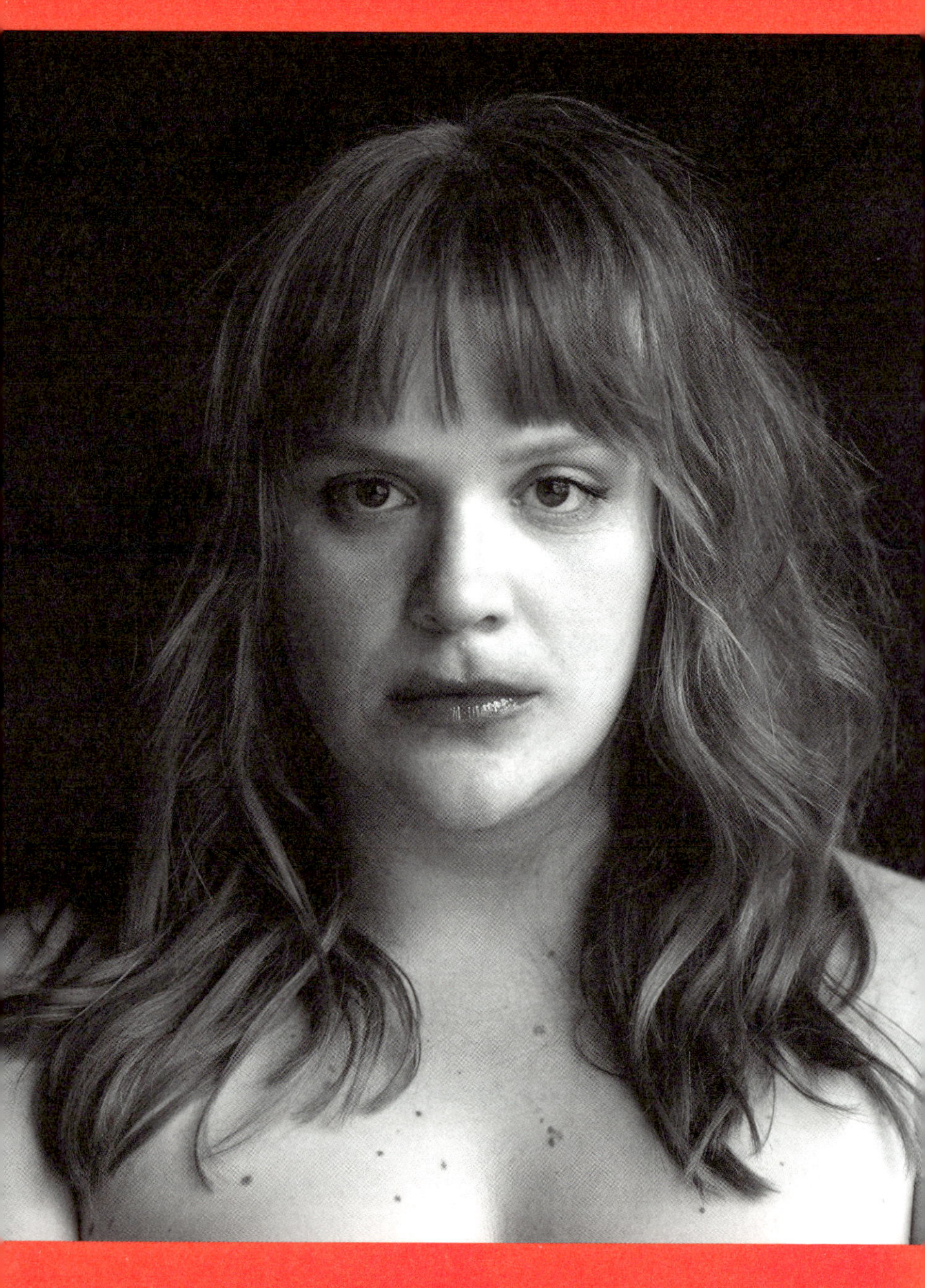

WUTKÖRPER

WIR LASSEN UNS DAS NICHT MEHR GEFALLEN!

- Maria (33, eine wuchtige, brummige Erscheinung)
- Sarah (24, eine stark untersetzte Frau)
- Clara (45, dick, offensichtlich nicht an Sport interessiert)
- Anna (42, sehr kräftig)
- Tanja (jung und pummelig)
- Kerstin (eine sehr breit gebaute Frau)
- Julia (35, stark übergewichtig, fällt damit optisch aus dem Rahmen)*

*Alle Rollennamen sind geändert.

Das sind nur ein paar der Rollenbeschreibungen, die ich in meiner Laufbahn als Schauspielerin bekommen habe. Es fängt also schon vor der eigentlichen Arbeit, vor dem Casting an, übergriffig zu werden. Mit diesen Zuschreibungen drängen mich Autor*innen schon in eine bestimme Ecke und grenzen die Rolle und ihre Wirkung schon am Papier ein, bevor sie noch jemand zum Leben erwecken konnte.

Ich kann mich aus meiner Kindheit und Jugend nicht erinnern, dicke Menschen – nein, ich korrigiere mich! – dicke

Frauen in Film und Fernsehen gesehen zu haben, und zwar in tragenden Figuren, die eine Entwicklung, eine Reise durchmachen und genauso Liebe, Sex, Zuneigung und Lob erfahren wie die zu 99 Prozent dünnen Hauptcharaktere.

Und nur, falls es nicht ohnehin schon allen immer klar war: Bridget Jones ist nicht dick! Dieser Film und dieses Bodyimage, das eben dieser Film geschaffen hat, lassen meine Wutader, die ich in der Mitte meiner Stirn habe, regelmäßig hoch anschwellen. Dass die Schauspielerin dann nicht mal vor allem Lob für ihr Spiel, sondern für ihren Mut zum Dicksein, zum Hässlichsein bekommen hat, hat eine gesamte Generation von Frauen geprägt und schwer traumatisiert. Das muss uns einfach klar sein. Diese falschen Rollenvorbilder, die von einer riesigen, übermächtigen Industrie geschaffen wurden, sind höchst problematisch.

Es ist doch immer wieder erstaunlich, dass ein weiblicher, kräftiger, starker Körper als Makel wahrgenommen wird und ein männlicher, dicker Körper als Zeichen von Manneskraft gilt. Das gilt ja nicht nur im Bereich der Schauspielerei, das ist bei Politiker*innen, bei Moderator*innen, bei sämtlichen Menschen in der Öffentlichkeit so – und auch dahinter.

Und nach wie vor gilt, ganz lange hätten sie Frauen, die aussehen wie ich, gar nicht in Film und Fernsehen besetzt oder wenn, dann als lustigen, witzigen Sidekick, weil wenn eine dicke Frau etwas mitbringt, dann Humor. Stellen wir uns vor, eine dicke Person, die nicht lustig ist. Dann hast du ein Problem. Weil wenn du schon nicht als schön giltst und durch das Leben geschleust wirst, musst du das ja mit Humor überspielen. Und weil du nicht schön bist und es anscheinend nicht werden willst, weil von vorneherein nicht angenommen wird, dass du dich so, wie du bist, schön findest, also du musst ja was an dir ändern wollen, da du das anscheinend nicht willst, hast du den Witz für dich gepachtet und wirfst eine fette Pointe nach der anderen raus. Und während Männer mit, aber auch über dich lachen, laden sie die schönen, dünnen Frauen daneben auf einen Drink ein.

Es war und ist so ein verdammt langer und harter Weg dahin gewesen, mich so zu nehmen und zu lieben, wie ich bin. In meinen Körper nicht Hass hineinzuinterpretieren, ihn anzunehmen und selbst zu lieben und zuzulassen, dass er von anderen geliebt wird. Weil ja auch das passiert. Und aufgrund der jahrelangen Kränkungen, Beleidigungen und traumatischen Erfahrungen ist es verdammt schwer, diese ehrlichen Komplimente zur eigenen Schönheit zuzulassen. Danke, Leben und Gesellschaft, dafür.

Und wisst ihr was? Es ist verdammt noch mal okay, deshalb wütend zu sein.

Wütend zu sein, dass uns Menschen eingeredet haben, wir seien nicht schön genug. Nicht dünn genug. Weil die Formel immer war: „Schön ist gleich dünn."
Nicht schön genug, um Partner*innen zu finden.
Nicht schön genug, um erfolgreich zu sein.
Nicht dünn genug, um sportlich zu sein.
Nicht dünn genug, um alles tragen zu können, was auf den Kleiderstangen hängt.
Nicht dünn genug, um sich über das zweite Stück Torte freuen zu können.
Nicht schön genug für gewisse Rollen.
Nicht dünn genug, um glaubhaft erzählen zu können, dass zwei Männer auf einmal in einen verliebt sind.

Nicht dünn genug für Radlerhosen.
Nicht schön genug für den Bikini.

Ich wünsche den Frauen, die jetzt heranwachsen, so inständig, dass sie nicht mehr in diese Mühle hineinmüssen. Dass sie das nicht mehr durchmachen müssen. Dass Mädchen das erspart bleibt.

Ich habe mich früher so stark persönlich angegriffen gefühlt, wenn jemand sich die Macht herausgenommen hat, meinen Körper zu kommentieren. Ich habe das seit meiner Kindheit so oft erlebt, in der Jugend ging es weiter, und als ich mich entschieden habe, Schauspielerin zu werden, und damit auch meine Persönlichkeitsrechte den Troll-Kommentator*innen, aber auch Zuschauer*innen, übergeben habe, die es seitdem völlig normal fanden, über mein Aussehen und über mich in einer Art und Weise zu schreiben, mich auf offener Straße zu beleidigen und zu kommentieren, ging mir das mehr an die Nieren, als ich es wahrhaben wollte. Es war für mich der größte seelische Kraftakt, diese Beleidigungen für mich umzulenken. Darin nicht nur mutwillige Zerstörung mir gegenüber zu empfinden, sondern aus den letzten Winkeln meines Herzens eine Art Kraft zu ziehen und zu denken: Okay, ich halte das jetzt aus. Aber dann mach ich auch was daraus. Ich lasse das nicht mehr auf mir sitzen. Auch ich darf mich jetzt auswüten. Und jetzt kämpfe ich nach vorne. Ich nehme diesen Kampf auf, denn es reicht mir.

Erst kürzlich wurde mir ein Drehbuch angetragen, in dem sich die Figur dafür entschuldigen sollte, dass sie jetzt dick ist, weil sie früher dünn und ihr Leben viel besser war. Ich habe sämtliche Beteiligten dieser Produktion zu einem Meeting gebeten. In der Mehrzahl saßen da – ja, ich muss es leider sagen:

Männer. Männer, die diesen Charakter geschrieben und entwickelt haben und ihr diese Sätze in den Mund gelegt haben. Ich habe erklärt, dass ich das falsch finde. Dass ich verstört bin, dass mir dieser Text überhaupt ernsthaft so angeboten wird. Dass, ohne zu erklären und zu hinterfragen, einer Schauspielerin diese Sätze in den Mund gelegt werden. Ich habe mich geweigert, diese Sätze zu sprechen. Als Steffi, aber auch als Figur.

Ich empfinde mich nicht mehr als Makel. Ich bin kein Fehler. Mein Körper ist kein Fehler. Ich möchte das auch keiner meiner Figuren unterstellen.

Ich habe einmal gewagt, eine Rolle anzunehmen, von der eine ganze Nation das Gefühl hatte, genau zu wissen, wie sie auszusehen hat. Was sie anhaben soll. Was sie alles sein soll …

Ich habe gewagt, diesen Vorstellungen nicht zu entsprechen. Ich habe gewagt, auch nichts dafür zu tun, diesen anderen Vorstellungen zu entsprechen.
Ich habe gewagt, bei mir zu bleiben.
Ich habe gewagt, den Text und die Figur, die ich zu spielen hatte, ernst zu nehmen.

Fast niemand hat sich um mein Spiel gekümmert. Fast niemand hat sich mal gefragt, warum eine Frau, die aussieht wie ich, es wagt, diese Rolle so zu interpretieren und zu spielen, wie sie sie spielt. Weil Frauen wie ich viel zu selten diese Rollen angeboten bekommen. Diese Frauenfiguren, die begehrt werden. Ich habe gewagt, davon überzeugt zu sein, dass Menschen nicht ausschließlich dünne Körper begehren, überhaupt nicht nur Körper begehren, sondern auch den Geist, den Charakter, die Intelligenz einer Person. Ich habe gewagt, meine Interpretation von Erotik darzustellen.

Und dafür musste ich bestraft werden. Ich wurde bis nach Hause vor die Gästewohnung verfolgt und mir wurde gesagt, dass das eigentlich eine Frechheit ist, dass sich jemand wie ich mit dieser Rolle auf die Bühne stellt. Ich wurde attackiert und beleidigt. Ich habe mich gefühlt, als hätte ich jede Privatsphäre abgegeben. Als wären mein Körper und ich nationales Eigentum, über das alle schreiben, bestimmen und verfügen können. Es ging so gut wie nie um meine eigentliche Aufgabe – die des Schauspielens.

Und ich habe damals die Schuld dieser Vorwürfe nur bei mir gesucht. Bei mir und meinem Körper. Ich habe mich nicht getraut, in der Öffentlichkeit zu essen. Ich habe wie eine Besessene Sport gemacht. Ich mache immer und regelmäßig Sport, aber weil es sich gut anfühlt und nicht, weil ich den Leuten beweisen will, dass ich abnehmen will und muss, um ihrem Ideal zu entsprechen.
Ich habe so viel Wut auf mich als Frau bekommen. Ich habe jeden Abend, den ich auf dieser Bühne stehen musste, verflucht. Ich habe mich nur mehr geschämt … Ich habe den Anfeindungen recht gegeben.

Ich sollte danach ein anderes Stück proben, wo ich sofort nach der Konzeptionsphase große Zweifel angebracht habe, ob denn überhaupt irgendjemand glauben kann, dass der Darsteller und ich ein Paar sind, weil doch niemand, der so aussieht wie ich, einen Partner finden kann. Zu dick, zu hässlich, zu viel, um zu lieben. Und als ich diese Gedanken dann das erste Mal wirklich laut und vor ganz neuen, mir noch unbekannten Menschen ausgesprochen habe, die auch diese nationale, wichtige Rolle nicht kannten, weil wir jetzt woanders national waren und dort das kleine Nationale gar nicht mehr so bedeutend war. Als ich diese Gedanken das erste Mal vor diesen Menschen ausgesprochen habe, wurden mir die Augen geöffnet.

Ich bekam so viel Liebe. So viel Zuspruch. So viel Wertschätzung. Und auch viel Kritik. Kritik, dass ich das ernst nehme, was diese Menschen zu mir gesagt haben. Kritik, dass ich den Kopf in den Sand strecke und mir meiner Verantwortung als Frau und Schauspielerin bewusst sein muss. Und Kritik daran, dass ich das ab sofort mehr zu tun habe, weil ich es nicht gemacht habe.

Und dann hab ich angefangen. Erst im Kleinen. Es ist verdammt schwer. Immer war es ja Wut gegen mich und meinen Körper. Wut, die nach innen gegen mich gerichtet war. Und ich hab angefangen, die Wut rauszulassen. Auszuwüten. Gegenüber der Presse. Gegenüber Kolleg*innen, gegenüber Regisseur*innen, die mich auf einer Feier mit den Worten „Du wirst aber auch nicht dünner!" begrüßten.

Ich lasse mir das nicht mehr gefallen.
Wir lassen uns das nicht mehr gefallen. Okay?

Ich bin, wie ich bin, auch weil ich aussehe, wie ich aussehe. Ich spiele bestimmt auch so, wie ich spiele, weil ich aussehe, wie ich aussehe.
Ich hab einen Wutkörper. Aber keinen mehr, der Wut nach innen, in sich hinein staut. Sondern einen, der strotzt vor tatkräftiger Wut. Vor strahlender Wut, die sich gegen alle richtet, die immer noch in diesen absurden Klischees und Vorurteilen gefangen sind. Ich werde jede Rolle, jeden Text ausdiskutieren, der impliziert und unterstellt, dass dicke Menschen weniger wert sind, weniger schön sind, weniger können, weniger Chancen haben dürfen. Und vor allem bin

ich, sind wir alle, so, so, so viel mehr als unsere Körper. Wir sind Geist und Herz und ganz viel Liebe! Wir sind Charakter und Charme, wir sind Humor, wir sind kluge Köpfe, wir sind starke Persönlichkeiten, wir sind verletzliche Seelen und wir sind zarte Geister. Wir sind so viel! Und das ist gut so!

Und wisst ihr, was das Schöne ist?
Es wird umgeschrieben, mir wird zugehört, Texte werden geändert, es wird mir Verständnis entgegengebracht. Die Kommentare zum Aussehen der Figuren werden weniger bei Castings. Das ist toll, dass das immer mehr wegfällt und geändert wird. Gut so!

Aber ich wünsche mir eine Zeit, in der diese Diskussionen gar nicht mehr nötig sind. In der es eine Empathie und ein Bewusstsein füreinander gibt, in der Rollen einfach Rollen sind. Menschen Menschen, Körper Körper.

Alles andere macht mich wütend.

GANZ SCHÖN WÜTEND

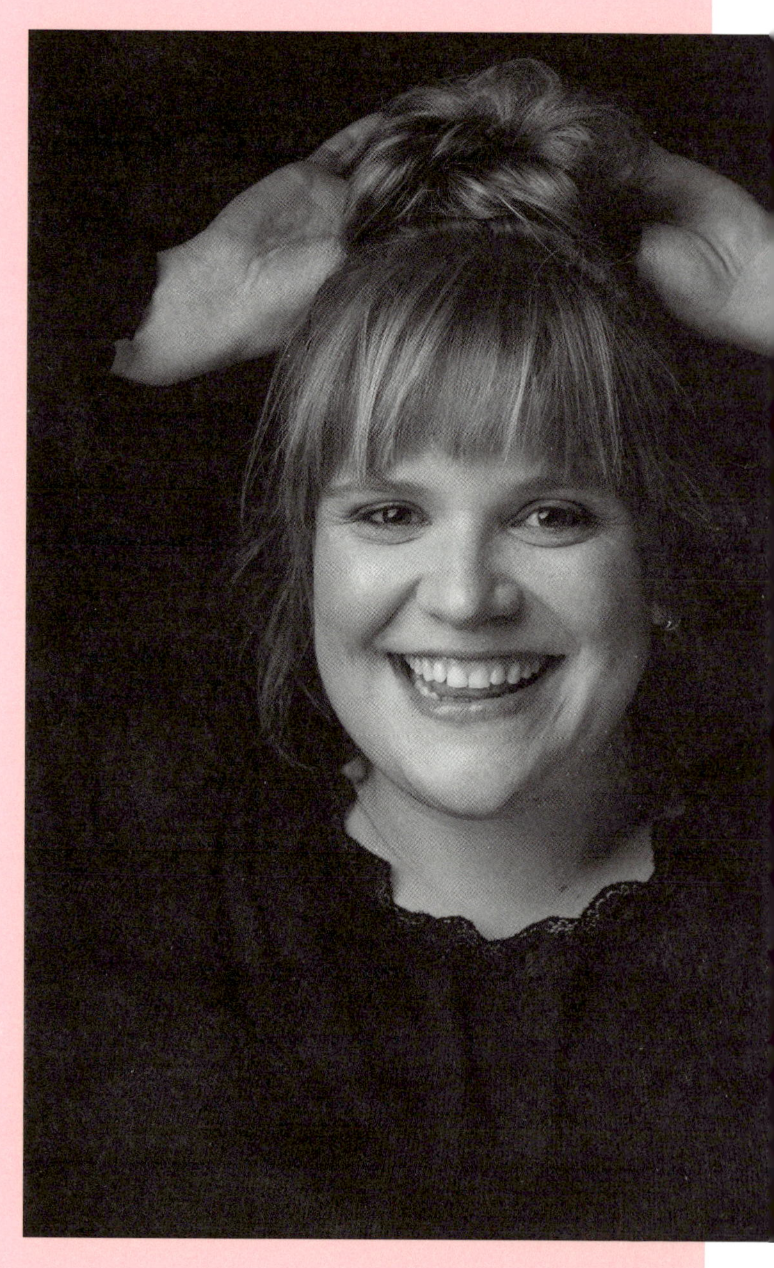

STEFANIE REINSPERGER ist Theater- und Filmschauspielerin, sie studierte am Max-Reinhardt-Seminar in Wien.

Ihr erstes Theaterengagement führte sie nach ihrem Abschluss 2011 ans Düsseldorfer Schauspielhaus, nach drei Spielzeiten wechselte sie ans Burgtheater und später ans Volkstheater Wien. Seit 2017 ist sie Teil des Berliner Ensembles.

2013 wurde sie mit dem Ensemblepreis des NRW-Theatertreffens sowie mit dem Publikumspreis als beste Nachwuchsschauspielerin ausgezeichnet. 2015 folgte eine Doppel-Einladung zum Berliner Theatertreffen mit „die unverheiratete“ in der Regie von Robert Borgmann und „Die lächerliche Finsternis“ in der Regie von Dušan David Pařízek. Im selben Jahr wurde sie gleichzeitig als „Nachwuchsschauspielerin des Jahres“ und als „Schauspielerin des Jahres“ ausgezeichnet.

2015 erhielt sie den Nestroypreis als beste Nachwuchsschauspielerin, 2016 wurde sie für ebendiesen als „Beste Schauspielerin“ für ihren Soloabend „Selbstbezichtigung“ von Peter Handke, wieder in der Regie von Dušan David Pařízek, nominiert. Dieses Solo spielt sie nach wie vor am Berliner Ensemble.

Stefanie Reinsperger arbeitete unter anderem mit den Regisseuren Michael Thalheimer, Antú Romero Nunes, Robert Borgmann, Simon Stone, Dušan David Pařízek und Frank Castorf.

Immer wieder steht sie auch vor der Kamera. So ist sie unter anderem seit 2020 als Hauptkommissarin Rosa Herzog Teil des Ermittlerteams im „Tatort Dortmund“. Sie spielte in David Schalkos „Braunschlag“, die Maria Theresia in Robert Dornhelms gleichnamigem Mehrteiler sowie in drei „Landkrimis Salzburg“ als Franziska Heilmeyr, jedes Mal in der Regie von Catalina Molina.

Liebe Leserin, lieber Leser,

hat Ihnen dieses Buch gefallen? Dann freuen wir uns über Ihre Weiterempfehlung. Erzählen Sie davon im Freundeskreis, berichten Sie Ihrem Buchhändler oder bewerten Sie es beim Onlinekauf.

Wollen Sie weitere Informationen zum Thema?
Möchten Sie mit der Autorin in Kontakt treten?
Wir freuen uns auf Austausch und Anregung unter
leserstimme@styriabooks.at

Inspirationen, Geschenkideen und gute Geschichten finden Sie auf www.styriabooks.at

ISBN 978-3-222-15076-0
Bücher aus der Verlagsgruppe Styria gibt es
in jeder Buchhandlung und im Online-Shop
www.styriabooks.at

Projektleitung und Lektorat: Ulli Steinwender
Cover- und Buchgestaltung: Ursula Feuersinger
Korrektorat: Joe Rabl
Fotos: Sven Serkis
Maske: Fabienne Hoppe

Druck und Bindung: Finidr
Printed in the EU
7 6 5 4 3 2 1